# TRAITÉ THÉORIQUE ET HISTORIQUE

DE

# VERSIFICATION FRANÇAISE

PARIS. — IMPRIMERIE CHAIX. — 14496-7-94. — (Encre Lorilleux).

# TRAITÉ THÉORIQUE
## ET HISTORIQUE

### DE

# VERSIFICATION
## FRANÇAISE

PAR

## Georges PELLISSIER

DOCTEUR ÈS LETTRES
PROFESSEUR AGRÉGÉ AU LYCÉE LAKANAL

TROISIÈME ÉDITION
REVUE ET CORRIGÉE

## PARIS

### GARNIER FRÈRES, LIBRAIRES-ÉDITEURS

6, RUE DES SAINTS-PÈRES, 6

# PRÉFACE

Nous avons essayé de présenter dans un ordre méthodique les règles de la versification française et d'en faire saisir les principes fondamentaux.

Quoique borné dans d'étroites limites, il nous a paru nécessaire de donner, chaque fois que nous en avons eu l'occasion, les notions historiques relatives à la rime, à l'usage des différents mètres et des différentes formes rythmiques, à la langue de la poésie, etc.

La versification contemporaine a naturellement sa place dans cet ouvrage, comme les poètes contemporains ont la leur dans les recueils à l'usage de nos élèves : au reste, Victor Hugo, qui en est le maître universel et incontesté, peut être dès maintenant considéré comme un de nos classiques, et non le moins grand.

Nous avons mis à contribution les traités antérieurs de prosodie et de métrique, surtout pour y chercher des exemples. Le *Traité général de versification*, par M. Becq de Fouquières, nous a largement servi : laissant de côté certaines vues peut-être contestables, nous en avons adopté les principes qui nous paraissent désormais acquis à la science.

Dans nos établissements d'instruction publique, le *vers latin* a tenu, jusqu'à ces derniers temps, une si grande place, qu'il n'en restait plus pour la métrique française : aujourd'hui que cet exercice ingénieux, mais trop souvent stérile, est rayé de nos programmes, nous devons y substituer l'étude de notre versification nationale, dont les notions les plus élémentaires **sont,** trop souvent, ignorées de nos écoliers.

# TRAITÉ THÉORIQUE ET HISTORIQUE

### DE

# VERSIFICATION FRANÇAISE

## NOTIONS GÉNÉRALES

Si nous voulons caractériser le langage de la poésie par une définition générale, nous dirons que les vers sont soumis à une mesure déterminée et régulière. Cette définition s'applique à toute espèce de versification ; quel que soit le système en usage, elle distingue toujours les vers de la prose, dont le rythme ne s'astreint à aucune règle précise.

Il ne suffit pas que l'ordre des temps soit observé : il faut encore que le retour régulier des éléments rythmiques se marque d'une manière sensible. C'est ici que nous avons à distinguer entre deux systèmes possibles de versification, dont l'un détermine le rythme en mesurant les syllabes, et l'autre en les comptant[1].

1. Il y a encore un troisième système fondé sur l'accentuation tonique. Dans la versification allemande, par exemple, les pieds sont formés par la combinaison des syllabes accentuées et des syllabes atones. Nous verrons plus bas quel rôle capital l'accent joue aussi dans notre versification.

Dans le système des Grecs et des Romains, le temps
et ses divisions sont indiqués par la combinaison régulière de syllabes brèves ou longues ; par exemple, le
vers latin dit hexamètre peut varier de treize à dix-sept
syllabes ; c'est la quantité prosodique, et non pas le
nombre des sons, qui marque la mesure. L'hexamètre
de treize syllabes et celui de dix-sept nous semblent
inégaux quand nous les scandons syllabe par syllabe en
comptant sur nos doigts ; mais, si nous n'avions pas
perdu la notion de la quantité, les mesures de ces deux
vers seraient égales pour notre oreille, ainsi qu'elles
l'étaient pour l'oreille des anciens. Une longue vaut
deux brèves : l'hexamètre grec ou romain se partage
uniformément en six unités de mesure, ou pieds, qui
peuvent être constituées soit par une longue et une
brève (dactyle), soit par deux longues (spondée). Entre
les deux vers suivants :

> Unum oro : quando hic inferni janua regis
> Dicitur, et tenebrosa palus Acheronte refuso [1]...

il y a une différence très sensible dans le nombre de
syllabes ; mais le temps est le même, puisque la somme
des pieds ne varie pas : tous deux sont susceptibles de
se décomposer en vingt-quatre syllabes brèves.

Le système de notre versification est, à l'inverse,
fondé sur le compte des syllabes et n'a aucun égard à
la quantité prosodique.

On sait que la langue française dérive du latin ; or,
à Rome même, la quantité, élément matériel du mot,
ne tarda pas à s'effacer peu à peu devant l'élément logique, l'accent. Malgré l'influence de l'accent tonique
sur l'harmonie du vers, sa place était laissée à la volonté
du poète. Cependant, dès le siècle d'Auguste, on
peut remarquer une secrète tendance de la versification à le faire coïncider avec la première partie du pied, ou temps fort. A mesure que nous

---

1. *Énéide*, VI, 106 et 107.

avançons dans l'histoire de la langue latine, la quantité est de plus en plus dominée par l'accent. Vers la fin de l'empire, on a la plus grande peine à distinguer les brèves des longues. Après l'invasion des barbares, lorsque la société nouvelle s'est enfin constituée, au moment où la poésie va renaître, toute notion prosodique est absolument perdue : il faut donc que les poètes se créent un nouvel instrument. C'est alors que naît spontanément le vers français : rejetant la quantité qui n'est plus sensible à l'oreille, il y substitue, comme élément de la mesure, le compte régulier des syllabes.

Mais, cette mesure, il fallait la marquer par un rythme saisissable, soit à la fin du vers, soit à l'intérieur. Dans la versification ancienne, les pieds, comme nous l'avons vu, indiquaient chaque fragment de l'unité métrique ; pour marquer la fin du vers, on était convenu de régler uniformément la succession des deux derniers : dans l'hexamètre, les quatre premiers pouvaient être indifféremment des spondées ou des dactyles, mais le cinquième devait être nécessairement un dactyle et le sixième un spondée. Cette disposition, toujours la même, des deux derniers pieds, accusait la fin de l'unité métrique et la rendait d'autant plus aisée à sentir que l'intérieur de l'hexamètre ne pouvait renfermer la même combinaison. La succession régulière des syllabes longues et brèves, sur laquelle est fondé le vers antique, ne remplissait donc pas seulement la mesure, mais encore la marquait.

La versification française n'avait pas la même ressource. Ce que les combinaisons prosodiques ne pouvaient plus donner, l'oreille le demanda à d'autres moyens, à l'accent et à la rime.

Dans toutes les langues, la voix s'élève sur une syllabe déterminée de chaque mot, que l'on appelle tonique ; cette élévation de la voix donne au mot sa physionomie et lui conserve son **intégrité**. La langue

1.

française a longtemps passé pour ne pas connaître
l'accent tonique ; il y aurait eu là une anomalie bien
singulière, et l'on a quelque peine à s'expliquer comment c'est de nos jours seulement que l'existence et le
rôle de notre accent ont été mis en lumière. Il faut
pourtant remarquer que l'accent des langues modernes
est, en réalité, un simple point d'appui pour la voix,
au lieu d'être une sorte de notation musicale comme
chez les anciens ; dans la langue française en particulier, les accents secondaires ont été fortifiés aux dépens
de l'accent principal, et l'accent oratoire a pris une
importance tout exceptionnelle[1]. Si ces raisons peuvent faire comprendre pourquoi notre idiome a été si
longtemps considéré comme dépourvu d'accentuation
tonique, il n'en est pas moins vrai que le principe de
l'accent a joué, dans sa formation, un rôle capital ;
quant à notre système de versification, il fut, dès l'origine, soumis à ce principe.

Dans l'hexamètre antique, chaque pied se divisait en
deux temps : le temps fort, que l'on appelle *arsis*, et
le temps faible, que l'on appelle *thésis* ; le temps fort
précédait le temps faible et était rempli par une syllabe longue. Dans le vers français, le rôle de cette
longue fut tenu par une tonique ; comme l'hexamètre
latin marquait les différents moments de la mesure par
la succession des brèves et des longues, qui détermi-
nait les éléments rythmiques, de même l'alexandrin
français les marqua par la succession des toniques et
des atones. Seulement, l'ordre de l'arsis et de la
thésis fut renversé : l'accent tonique[2] dut surmonter
la dernière syllabe sonore du pied, et la thésis pré-
céda l'arsis. Dans sa forme pure, l'alexandrin classique
se divise en quatre éléments, comparables, sauf cette

---

1. V. Gaston Paris, *Rôle de l'accent latin dans la langue française*.

2. L'accent tonique en français est invariablement placé sur la dernière
syllabe sonore, c'est-à-dire sur la dernière syllabe des mots à terminaison
masculine et sur l'avant-dernière des mots à terminaison féminine.

différence, aux pieds des vers anciens : chacun de ces éléments est composé de trois syllabes, deux atones et une accentuée; ce sont des espèces d'anapestes, dont le principe est l'accent au lieu de la quantité [1]. Tel est le vers suivant de Racine :

| 1 | 2 | 3 | 4 |

| Bajazet | interdit! | Atalide | étonnée! |

Les quatre accents toniques, placés sur les syllabes *zet*, *dit*, *lid*(e), *né*(e) marquent, d'une manière sensible à l'oreille, la décomposition de l'alexandrin en ses quatre éléments.

Mais cette forme **du** vers ne se rencontre pas toujours dans les mêmes conditions; l'alexandrin ne peut se composer uniformément de quatre mots comprenant chacun trois syllabes et portant l'accent tonique sur la troisième, de façon que chaque unité métrique ait quatre accents.

Il peut arriver (et le cas se présente très fréquemment) que, malgré un plus grand nombre de mots, le vers garde un même nombre de toniques. Voici quelques exemples :

> Vos amis et les miens, jusqu'alors si secrets.
> *(Britannicus.)*
> Quel climat, quel désert a donc pu te cacher?
> *(Esther.)*
> Que les Grecs de ces bords ne pouvaient arracher.
> *(Iphigénie.)*

Chacun de ces vers renferme neuf mots, et cependant, aucun d'eux ne compte plus de quatre toniques : c'est que le principe en vertu duquel chaque mot est frappé de l'accent n'est pas sans souffrir quelques exceptions ; en français, comme en grec et en latin, il y a des enclitiques et des proclitiques, c'est-à-dire des mots que la prononciation soude avec le terme qui précède, ou avec celui qui suit. Les pro-

---

1. On voit l'analogie de ce système avec celui de la versification allemande; mais, dans la nôtre, le nombre des syllabes est fixe.

noms, articles, prépositions, conjonctions, qui n'ont qu'une syllabe, sont dépourvus d'accent, comme proclitiques; quant aux enclitiques, nous en trouvons des exemples dans les locutions : *crois-je, est-ce,* etc. Ces données expliquent comment les vers de Racine que nous citons plus haut, peuvent ne renfermer que quatre toniques, tout en se composant de neuf mots.

Cependant le nombre des accents dépasse souvent de beaucoup celui des pieds. Aussi cette question se présente-t-elle tout naturellement à notre esprit : soit un alexandrin normalement classique, c'est-à-dire composé de quatre éléments[1]; comment peut-il renfermer cinq, six, sept accents toniques? comment ces accents ne le décomposent-ils pas en cinq, six ou sept parties, suivant leur nombre? Voici, par exemple, un vers de Racine :

> Lieux charmants où mon cœur vous avait adorée.
> *(Bérénice.)*

D'où vient que les cinq accents de ce vers ne divisent pas l'unité de mesure en cinq parties?

C'est ici que nous devons distinguer entre l'accent tonique et l'accent rythmique.

Dans la versification latine, l'accent rythmique ne se superpose pas à l'accent tonique : par exemple, le second vers de l'*Énéide* a l'accent rythmique sur la première syllabe, qui forme le temps fort, et l'accent tonique sur la deuxième, qui forme une partie du temps faible :

> Italiam fato profugus Lavinaque venit...

Cependant, à mesure que la notion de la quantité se perdit, les poètes, comme nous l'avons remarqué, firent de plus en plus coïncider l'arsis avec l'accent. Dans ce vers de Claudien :

> Volvis inexhausto redeuntia sæcula motu,

---

1. Nous nous en tenons ici aux principes les plus généraux, et ne considérons par suite que l'alexandrin théorique pur. Voir, pour les autres formes, le chapitre II, deuxième partie.

sur six syllabes fortes, quatre sont accentuées : *vol*, *un*, *sœ*, *mo*.

La versification française, ainsi qu'il a été vu, place toujours un accent tonique dans le temps fort ; c'est cet accent de l'arsis qui prend le nom d'accent rythmique, parce qu'il marque les éléments du vers relativement à la mesure. L'accent rythmique, dans le vers français, n'est donc autre chose qu'un accent tonique tombant sur le temps fort et dont la fonction est de rendre saisissable à l'oreille le rapport des fragments rythmiques avec l'unité de mesure ; la voix ne s'élève pas seulement sur la syllabe frappée par cet accent, mais encore elle se prolonge, de telle façon que les autres toniques du même pied, s'il y en a, s'affaiblissent et soient attirées par la tonique de l'arsis. Dans le vers de Racine, que nous citions tout à l'heure, l'accent tonique de la première syllabe est, pour ainsi dire, absorbé par l'accent rythmique de la seconde, sur laquelle la voix insiste d'une façon toute particulière en prolongeant le son. Ce vers se découpe donc, malgré ses cinq accents, en quatre éléments rythmiques.

Voilà les différentes parties de la mesure indiquées dans l'intérieur du vers par un rythme sensible à l'oreille ; mais il restait encore à marquer le moment où se termine l'unité de mesure, c'est-à-dire à rendre saisissable la fin du vers. Si nous nous contentons de considérer l'alexandrin classique pur, que nous avons pris jusqu'ici pour base, l'accent rythmique du quatrième pied marquera bien la fin de ce pied, mais non pas la fin du vers. Sans doute, on peut concevoir un système d'alexandrins tel que le sens finisse toujours avec l'unité de mesure. Dans ce cas, les quatre accents rythmiques suffiraient à marquer les parties composantes de l'alexandrin, et la fin de l'unité métrique serait indiquée par un procédé purement intellectuel ; mais on voit combien un pareil système serait monotone : les vers tomberaient un à un, et tout dévelop-

pement de la pensée ou du sentiment serait interdit
au poète.

Prenons, maintenant, une série d'alexandrins dans
laquelle le repos final ne soit pas sensible, ou du moins
ne le soit pas plus que certaines autres pauses logiques
dans l'intérieur du vers :

> Le grand-prêtre, | entouré | de soldats | furieux, |
> Portera | sur ma fille | un poignard | criminel, |
> Percera | sa poitrine ; | et, d'un œil | curieux, |
> Dans son cœur palpitant | cherchera | les présages ; |
> Et moi qui, etc.

On voit tout de suite que, chaque alexandrin se
divisant en quatre fragments égaux, l'oreille n'est
plus avertie de la fin du vers et peut aisément
perdre l'unité de mesure et intervertir l'ordre des
hémistiches. Par exemple :

> . . . . . . . . . Le grand-prêtre, entouré
> De soldats furieux, portera sur ma fille
> Un poignard criminel, percera sa poitrine ;
> Et, d'un œil curieux, dans son cœur palpitant,
> Cherchera, etc.

Le rythme continuera ainsi plus ou moins longtemps ;
mais un moment ne tardera pas à arriver, où le vers
ne sera plus possible ; nous ne pourrions plus dire au
quatrième alexandrin :

> Cherchera les présages, et moi qui, etc.

L'oreille sera dès lors avertie brusquement qu'elle a
transposé l'unité ; mais le mal ne sera plus réparable,
ou, du moins, il faudra répéter toute la série. Ainsi,
en prenant un système d'alexandrins classiques
purs, c'est-à-dire répartis en quatre éléments égaux,
nous aboutissons à la monotonie la plus fatigante si
l'unité de mesure est marquée par un repos logique à la fin de chaque vers, et, si le sens n'im-
pose pas le repos, l'oreille n'est plus avertie que
l'unité de mesure est écoulée.

Considérons maintenant le cas d'une série d'alexandrins quelconques. Soit, par exemple, ce système :

. . . . . . . . . . . . . . . . . . . . .
Arbrisseau qui, fichant sa racine profonde
En un champ sans humeur, fait que sa feuille suc
Une douce liqueur ; et, comme le sarment
Qu'on a taillé trop tard, distille peu à peu
Mainte larme emperlée, elle verse sans cesse
Goutte à goutte une eau claire [1]. . . . . . . .

Nous remarquerons encore que, la fin de l'alexandrin étant indiquée seulement par un accent rythmique, comme celle des différentes parties composantes, il nous est impossible de savoir où se termine l'unité de mesure. Les vers peuvent se scander de la façon suivante :

. . . . . . . . . Arbrisseau qui, fichant
Sa racine profonde en un champ sans humeur,
Fait que sa feuille suc une douce liqueur ;
Et, comme le sarment qu'on a taillé trop tard,
Distille lentement mainte larme emperlée,
Elle verse sans cesse. . . . . . . . . . .

Cependant, si nous considérons une suite d'alexandrins dans chacun desquels les éléments rythmiques sont inégalement répartis, nous pourrons arriver à marquer la fin du vers par une sorte de procédé analogue à celui de la versification antique. Suivant une convention admise et reconnue, les deux premiers pieds de l'alexandrin se composeraient, par exemple, dans tout autre rapport que celui du quart, et ce rapport du quart serait réservé aux deux derniers pieds. Ceux-ci se formeraient donc chacun de trois syllabes (quart de douze), dont deux seraient atones et la troisième accentuée. Voici un exemple

---

1. Du Bartas, *Première semaine*, chant III. Nous avons seulement changé deux mots rimants.

Seigneur, | avec raison | je demeure | étonnée,
Car je me vois, | au cours | d'une mé | me journée,
Comme u | ne criminelle | amenée | en ces lieux;
Et, lors | qu'avec frayeur | je parais | à vos yeux, etc.

De même qu'en latin la disposition d'un dactyle et d'un spondée, gardée pour les deux derniers pieds et interdite dans le corps de l'hexamètre, marque à l'oreille que le vers est fini, de même cette fin du vers pourrait, dans nos alexandrins, être indiquée par le retour de deux éléments rythmiques, toujours les mêmes et disposés de la même façon. Mais il est une objection qui s'élève aussitôt contre cette forme de versification. En latin, chaque hexamètre renferme six pieds, et il n'importe guère à la variété du vers que, sur ce nombre, deux soient toujours les mêmes et se suivent dans le même ordre. L'alexandrin français ne renferme, au contraire, que quatre éléments rythmiques; et si, sur quatre éléments, les deux derniers étaient toujours composés de même, soit l'un par rapport à l'autre, soit relativement à l'unité de mesure tout entière, un pareil vers serait dépourvu de toute flexibilité, et notre versification mériterait le reproche de monotonie qu'on lui fait encore si injustement.

Comment donc laisser aux combinaisons rythmiques leur liberté et leur variété, tout en marquant la fin du vers de manière que l'oreille puisse la saisir aisément? C'est à la parité des sons, à la rime, que la versification française a demandé la solution de ce problème. L'accent tonique obligatoire de la douzième syllabe [1] marquait la fin du dernier fragment rythmique; mais il la marquait exactement comme celui de la sixième syllabe marquait la fin du second fragment, sans distinguer des autres parties de la mesure celle qui ter-

---

1. L'alexandrin n'est point, ainsi qu'on le verra, notre plus ancien vers; mais nous le prenons pour exemple, comme mètre fondamental de la poésie moderne.

minait le vers. Pour indiquer que l'unité de mesure était écoulée, on imagina de finir le vers sur un son qui se reproduisît à la fin du vers suivant; de cette manière, l'oreille était aisément avertie que les douze syllabes avaient rempli la mesure : la rime jouait, dans le vers français, le même rôle que, dans le vers latin hexamètre, la disposition invariable des deux derniers pieds.

On voit quelle est l'importance de la rime : « Nous avons, dit Voltaire, un besoin essentiel du retour des mêmes sons pour que notre poésie ne soit pas confondue avec la prose. Tout le monde connaît ces vers :

> Où me cacher? Fuyons dans la nuit infernale.
> Mais que dis-je? mon père y tient l'urne fatale :
> Le sort, dit-on, l'a mise en ses sévères mains;
> Minos juge aux enfers tous les pâles humains.

Mettez à la place :

> Où me cacher? Fuyons dans la nuit infernale.
> Mais que dis-je? mon père y tient l'urne funeste;
> Le sort, dit-on, l'a mise en ses sévères mains;
> Minos juge aux enfers tous les pâles mortels.

Quelque poétique que soit ce morceau, fera-t-il le même plaisir, dépouillé de l'agrément de la rime? » Ces paroles du grand critique sont parfaitement justes; nous n'y trouvons à reprendre que les derniers mots; Voltaire a tort de voir dans le retour des mêmes sons un simple agrément : il ne comprenait pas la fonction même de la rime, qui, comme nous venons de l'expliquer, est le signe sensible de la mesure. Dans les versifications où la mesure se marque d'une autre manière, la rime pourrait être considérée comme un plaisir donné à l'oreille, plaisir dont il serait d'ailleurs difficile d'expliquer l'origine ou la nature : mais, dans la versification française, elle a une fonction plus haute, puisqu'elle marque le rythme, en dehors duquel aucun art ne saurait exister.

Certains critiques ont voulu voir, dans l'agrément, que nous procure la parité des consonances, je ne sais quel mérite d'une difficulté vaincue; mais, sans doute, ce genre de mérite serait assez mince : il ressemblerait quelque peu à celui du poète ancien qui composait ses vers en se tenant sur un pied. D'ailleurs, ce qui prouve la fausseté d'une telle opinion, c'est que les vieux genres de poésie [1], où les combinaisons et les jeux de la rime sont de véritables tours de force, ont été depuis longtemps relégués dans l'oubli comme indignes du véritable poète.

Nous rendons à la rime toute sa dignité et nous lui restituons son véritable rôle en disant qu'elle a été inventée pour marquer le moment final de l'unité rythmique. On peut expliquer par cette raison (nous l'ajouterons en passant) qu'il soit interdit de faire rimer l'hémistiche avec la fin du vers précédent ou celle du même vers : la transgression de cette règle serait cause, en effet, que l'oreille, troublée et désorientée, pourrait transposer l'unité de mesure.

Nous reconnaissons ici le même principe en vertu duquel la succession du dactyle et du spondée, dans l'hexamètre latin, était réservée à la fin du vers.

Le rôle de la rime ne fait donc plus aucun doute : nous pouvons le résumer en disant qu'elle bat la mesure. Son nom même indique d'ailleurs cette fonction : le mot *rime* est dérivé du latin *rythmus*, et s'écrivait encore *rithme* au XVI⁰ siècle. Elle est un des éléments constitutifs du vers français, et, pendant plusieurs siècles, jusqu'à la réforme de Ronsard, le terme sous lequel nous la désignons a été synonyme du mot *vers*, comme celui de *rimeur* avait le même sens que notre mot *poète*, sans qu'aucune acception défavorable y fût attachée.

1. **V.** chapitre 1ᵉʳ, première partie.

Nous avons indiqué, dans les pages qui précèdent, les principes essentiels de notre versification, Pour ne laisser de côté aucune des différences par lesquelles le vers français se distingue de la prose, nous devons ajouter quelques mots sur la règle de l'*hiatus*, quoique cette règle, d'ailleurs toute moderne [1], ne touche en rien à la constitution même du vers. Dans la prose, l'écrivain a la liberté d'admettre ou d'éviter à son gré le concours de deux voyelles, dont l'une termine un mot, tandis que l'autre commence le mot suivant. En poésie, de telles rencontres sont formellement interdites depuis Malherbe, comme nuisibles à ce genre d'harmonie qui a sa source dans le rapport des sons [2].

Des principes fondamentaux que nous avons posés jusqu'ici et par lesquels nous nous sommes efforcé d'expliquer logiquement le mécanisme général de la versification française, il nous est dès maintenant possible de tirer la division même de cet ouvrage.

Le premier chapitre traitera de la *Métrique*, et nous y ferons entrer tout ce qui a rapport soit à la quantité des syllabes, soit aux différents mètres des vers.

Le second chapitre sera consacré à la *Rythmique :* nous étudierons les différentes combinaisons du vers relatives au rythme, la césure, l'enjambement, depuis l'origine de notre poésie jusqu'à nos jours ; puis nous nous occuperons de la rime, de son histoire, de ses règles actuelles, de ses diverses dispositions dans la suite des vers isométriques.

Le chapitre troisième se rapportera à l'*Harmonique :* on y trouvera ce qui est relatif à l'hiatus, à l'assonance, à l'allitération, à l'harmonie imitative.

Nous indiquerons ensuite les différentes combinaisons des rimes avec les mètres dans les pièces hétéromé-

---

1. V. chapitre III.

2 Nous aurons plus bas (chap. III) à revenir sur l'*hiatus*, et nous en parlerons plus longuement

triques : ce sera l'objet du quatrième chapitre. Le cinquième traitera des formes poétiques fixes qui ont été ou sont encore en usage dans notre poésie; enfin le sixième sera consacré à la langue poétique, dont nous étudierons sommairement l'histoire.

# CHAPITRE PREMIER

## MÉTRIQUE

### § Ier

La fixité du nombre des syllabes étant un élément constitutif de la versification française, c'est une condition essentielle, pour lire des vers ou pour en faire, de bien connaître la quantité syllabique.

Commençons par établir ce principe que, dans l'intérieur du vers, toute syllabe compte (même celles qui, en prose, peuvent être considérées comme muettes), soit au milieu des mots (par exemple : *aimerais*), soit à la fin (par exemple : *Parnasse*).

1 2 3 4 5 6 7 8 9 10 11 12
J'aimerais mieux souffrir la peine la plus dure.
(MOLIÈRE.)

1 2 3 4 5 6 7 8 9 10 11 12
Durant les premiers ans du Parnasse françois.
(BOILEAU.)

Il y a cependant à cette règle quelques exceptions.

1° L'*e* muet final, devant un mot qui commence par une *h* muette ou par une voyelle, ne se prononce pas. Il y a élision :

Est-ce toi, chèr(e) Élis(e)? O jour trois fois heureux !
(RACINE.)

2° Ne compte pas non plus, dans l'intérieur d'un mot, l'*e* muet précédé d'une voyelle ou d'une diphtongue. Par exemple : *dévouerai, fiera, paierez, remerciement*, etc.

Je me dévouerai donc, s'il le faut; mais je pense...
(LA FONTAINE.)

Ma foi! sur l'avenir bien fou qui se fiera!
(RACINE, *Plaideurs*.)

Dans un grand nombre de cas, ces *e* muets peuvent

d'ailleurs ne pas s'écrire et être remplacés par un accent circonflexe.

Chez nos anciens poètes, jusqu'à la réforme du XVIᵉ siècle, l'e ainsi placé se prononçait régulièrement. Ex. :

> Car couppe n'y a vraiëment.
>
> (Bartsch, *Chrest.*, 418, 15.)

On pourrait citer maint exemple analogue, tiré des poètes de la Pléiade [1] ; mais la règle moderne commence dès lors à s'établir. Ex. :

> Peuples vrayement ingrats qui n'ont sçeu recognoistre.
>
> (Ronsard, *Gâtines.*)

3° Dans les imparfaits et dans les conditionnels de tous les verbes, dans le subjonctif présent des verbes *être* et *avoir*, les dernières lettres *ent* ne comptent pas comme syllabe. Ex. :

> Les hommes rugissai(ent) quand ils croyai(ent) parler.
>
> (V. Hugo, *Légende des Siècles.*)

Dans l'ancienne versification française, cette finale *ent* avait au contraire la valeur d'une syllabe. Ex. :

> 1   2  3  4   5 6   7   8
> Tant que li moine aiënt mengié.
>
> (Bartsch, *Chrest.*, 206, 13.)

4° Quant aux autres mots se terminant par un *e* muet précédé d'une voyelle accentuée et suivi d'un *s* dans un substantif ou un adjectif pluriel, de la finale *nt* dans un verbe, leur syllabe muette n'est pas non plus comptée dans la mesure; mais on ne la considère pas cependant comme faisant corps avec la voyelle précédente, ainsi que dans les imparfaits et les conditionnels : or, comme elle n'est pas susceptible d'élision, les mots où elle se trouve ne sauraient être employés dans les vers, sinon tout à la fin. Ex. :

> Multipliez les plis des pourpres étoilées.
>
> (V. Hugo, *Légende des Siècles.*)

1. On en trouve même dans Corneille.

Une pareille règle appauvrit sans raison suffisante la langue poétique. Elle n'est pas d'ailleurs antérieure au xvii<sup>e</sup> siècle ; nos anciens poètes disaient fort bien, par exemple :

> ...Déplient tout cela dont furent enseigneurs.
>
> (DU BELLAY, Épîtres.)

5° L'e muet final, qui est précédé d'une voyelle accentuée, doit toujours être élidé et ne saurait, par conséquent, compter comme une syllabe. Ex. :

> Sans parents, sans amis, désolé(e) et craintive.
>
> (RACINE, Mithridate.)

Cette règle est encore d'origine récente. Malgré l'autorité de Malherbe qui fut le premier à la prescrire, elle est bien souvent violée dans toute la première partie du xvii<sup>e</sup> siècle. Ex. :

> 1  2 3 4
> · La partie brutale alors veut prendre empire.
>
> (MOLIÈRE.)

> 1   2  3   4 5 6   7 8
> C'est d'être Sosie battu.
>
> (MOLIÈRE.)

## § II

Lorsque deux voyelles [1] se rencontrent dans un mot, elles peuvent ne compter que pour une syllabe, et alors il y a synérèse, ou bien elles se prononcent séparément, et alors il y a diérèse. On peut donner une règle générale pour distinguer ces deux cas l'un de l'autre : lorsque la bivocale représente deux voyelles latines, comme dans pria (de precavit), piété (de pietas), allié (de adligatus), elle ne forme pas une diphtongue; au cas contraire, il y a synérèse. Cette règle souffre, d'ailleurs, de nombreuses exceptions: la prononciation a pu, en effet, raccourcir à la longue certains mots en unissant deux voyelles, d'abord distinctes;

1. Ou une voyelle et une diphtongue, ou encore deux diphtongues.

c'est par cette sorte d'attraction que *chrétien* (de *chris-
tianus*) est maintenant dissyllabe.

Nous allons successivement examiner les bivocales
françaises et en indiquer la quantité syllabique.

*Aa* est dissyllabe dans *Baal*, monosyllabe dans
*Aaron*.

*Ae* est monosyllabe dans *Caen*.

*Ao* est monosyllabe dans *faon*, *Laon*, *taon*, *paon*,
*Saône*, dissyllabe dans *Pharaon*.

*Aou* est monosyllabe dans *août*, *saoul*, *saouler*.

Au reste, lorsque les groupes de voyelles qui précèdent se prononcent en une seule émission de voix, il
y a simplement suppression d'une voyelle qui est rejetée
par la prononciation. Dans les groupes qui suivent, il
y a synérèse, c'est-à-dire que les deux voyelles [1] se
prononcent, quoique par une seule émission de voix.

*Ia*, dissyllabe  en général, est monosyllabe dans
*diable, fiacre, diacre, piaffer, galimatias, liard*.

*Diable*, conformément à l'étymologie, était anciennement trissyllabe ; la synérèse ne s'est faite que depuis
le XVIᵉ siècle, ou vers la fin du XVᵉ. Ex. :

> Comment deable? li cuens Guillaumes dit.
>
> (BARTSCH, *Chrest.*, 53, 29.)

Comme on le voit, ce mot s'écrivait d'ordinaire avec
un *e* au lieu de l'*i*.

*Diacre* formait aussi trois syllabes. Ex. :

> Puis appela Bel-Accueil, son diacre.
>
> (J. LEMAIRE.)

Le vieil adjectif *piafard* est trissyllabe au XVIᵉ siècle.
Ex. :

> Veut faire, piafard, à sa Dame la cour.
>
> (DU BARTAS.)

Dans *piaffer* La Fontaine a fait la diérèse :

> Or bien je sais celui de qui procède
> Cette piaffe : apportez-y remède.

1. Ou, dans certains cas (*iau, oua, ieux*, etc.), la voyelle et la diphtongue.

La quantité syllabique de *liard* semble être douteuse; on le trouve employé comme dissyllabe dans Victor Hugo. Ex. :

> Avec tous les liards de tous ces meurt-de-faim...
> Deux liards couvriraient fort bien toutes mes terres.
>
> (Légende des Siècles.)

*Iai*, généralement dissyllabe, est monosyllabe dans *bréviaire*. Ex. :

> Le moine disait son bréviaire.
>
> (La Fontaine.)

*Biais* est tantôt monosyllabe, tantôt dissyllabe. Ex. :

> J'ai donc cherché longtemps un biais de vous donner.
>
> (Molière.)
>
> Et vous deviez chercher quelque biais plus doux.
>
> (Molière.)

*Ian*, généralement dissyllabe, est monosyllabe dans *viande* et *diantre*. *Viande* formait autrefois trois syllabes. Ex. :

> Un bourgeois riche de viande garni.
>
> (Garin.)

*Iau* est toujours dissyllabe. Cependant, on trouve la synérèse avec *miauler*. Ex. :

> Miaulait, grognait, jappait, glapissait à l'entour.
>
> (Viennet.)

Dans l'ancienne langue, il y avait de même synérèse quand l'*i* était mis à la place de notre *e* muet actuel, comme dans *biau*. Ex. :

> Biaux sires loups, n'écoutez mie.
>
> (La Fonta'ne.)

*Ié, iè, ier, iez, ière, ied, ief, iel, iet*, sont dissyllabes quand l'*i* se trouve dans le mot latin d'où le mot français dérive (*contrariété, initié*, etc.); ils sont encore dissyl-

---

1. Pour l'historique de la quantité syllabique, voir les notes de la *Versification française* de Quicherat, à laquelle nous empruntons une grande partie de nos exemples.

labes dans les noms, adjectifs et verbes (*iez*) où ils se trouvent précédés de deux consonnes dont la seconde est une des liquides *l*, *r*. Dans les autres cas, il y a synérèse. Cette règle générale souffre, d'ailleurs, ou a souffert bien des exceptions. Voici les plus importantes :

*Hier* (de *heri*) forme souvent deux syllabes, surtout depuis le XVIIe siècle.

> Mais hier il m'aborde, et me serrant la main...
> (Boileau.)
> Hier, le vent du soir, dont le souffle caresse.
> (V. Hugo, *Contemplations*, livre II, v.)

*Lierre* (hedera) est trissyllabe au XVIe siècle. Ex. :

> A plis serrés comme fait le lierre.
> (Ronsard.)

*Ier*, dans les noms et adjectifs, subit anciennement la synérèse, même quand la seconde des consonnes précédentes est *l* ou *r*. Ex. :

> Bons ouvriers qui sans lasser oevre.
> (Rutebœuf.)
> Cet admirable ouvrier n'attacha sa pensée.
> (Du Bartas.)
> Sacrilège meurdrier, si on pend un voleur.
> (Ronsard.)
> C'est avec ce bouclier qu'il fallait se défendre.
> (Mairet.)

*Quatrième* a été jadis trissyllabe :

> A peine la quatrième lune.
> (Malherbe.)

La terminaison *iez* des verbes était anciennement monosyllabique, même quand elle se trouvait précédée de deux consonnes, dont une liquide, soit à l'imparfait, soit au conditionnel. Ex. :

> Comme voudriez vous-même être traitée.
> (Marot.)

*Miette, assiette, serviette*, subissaient la diérèse dans le vieux français :

Et les croûtes et la miette.

(JUBINAL.)

Être servie à rudes serviettes.

(J. MAROT.)

*Ien* (*ienne*), suivant la règle étymologique que nous avons indiquée plus haut, est monosyllabe dans *bien*, *rien*, *sien*, *tien*, *tiens*, etc.; il est dissyllabe dans *lien*, *aérien*, et, en général. dans les mots qui indiquent la profession, l'état, le pays, comme *Bohémien*, *magicien*, etc. Conformément à son étymologie, *chrétien* était autrefois trissyllabe. Ex. :

De chrestiens devez être servie.

(BARTSCH, *Chrest.*, 38, 9.)

C'est seulement au xvi⁰ siècle que se fait la synérèse.

De même, *ancien* a autrefois trois syllabes; on trouve encore cette quantité au xvi⁰ siècle. Ex. :

1   2   3   4 5 6
Ny l'art des anciens
Magiciens.

(RONSARD, *Odes*, IV, 4.)

et jusque dans Corneille :

J'ai su tout le détail d'un ancien valet.

*Amiens* (Ambiani) subissait aussi la diérèse. Ex. :

1  2   3   4  5  6
De si qu'à Amiens les menèrent fuiant.

(*Rou.*)

Ces trois mots sont, dans l'usage actuel, toujours dissyllabes.

De la foi des chrétiens les mystères terribles.

(BOILEAU. *Art poétique*, III.)

Or, quoi qu'on ait vieilli depuis ce fait ancien.

(V. Hugo, *Hernani*, II, 1.)

Il m'avait fait venir d'Amiens pour être suisse.

(RACINE, *Plaideurs*, I, 1.)

*Ieu*, généralement monosyllabe, est dissyllabe dans

les noms et les adjectifs en *ieur*, comme *intérieur*, *rieur*, etc. Exceptez *sieur*, *monsieur*. Ex. :

> Le renard s'en saisit et dit : « Mon bon monsieur...»
>
> (La Fontaine, I, i, Fables.)

*Ieux*, généralement dissyllabe, est monosyllabe dans le pluriel des noms en *ieu*, comme *pieu*, *adieu*, etc., dans *cieux*, *mieux*, *yeux*, *vieux*, et dans les adjectifs en *yeux*, comme *joyeux*, *giboyeux*, etc.

*Io*, généralement dissyllabe, est monosyllabe dans *pioche*, douteux dans *fiole*. Ex. :

> 1 2 3
> Fioles aux longs cols contre elles recourbés.
>
> (Ronsard.)

> 2 3 4
> Prends la fiole, ou... je crains en ce désordre extrême.
>
> (Regnard.)

*Ion*, généralement dissyllabe, paraît être monosyllabe dans *gabion*, *escofion*, *pion*.

*Ions*, désinence des verbes, est généralement monosyllabe. Il subit la diérèse : 1° quand il est précédé d'un *r* ou d'un *l*, précédés eux-mêmes d'une autre consonne (*crions*, *entrions*); 2° dans *rions*; 3° à la 1re personne du pluriel des verbes en *ier*.

Dans l'ancienne langue, la désinence verbale *ions* était toujours monosyllabique. Ex. :

> Que, pour la voir, mourir devrions vouloir.
>
> (Marot.)

*Oe*, généralement dissyllabe, est monosyllabe dans *poêle*, *moelle*, *moelleux*.

Au XVIe siècle, et même au XVIIe, *poète* a subi quelquefois la synérèse [1]. Ex. :

> Des ordures des grands le poète se rend sale.
>
> (d'Aubigné, Tragiques.)
> Me fit devenir poète aussitôt qu'amoureux.
>
> (Corneille, Exc. à Ariste.)

---

1. Ce mot avait le son de la diphtongue *oi*.

Au contraire, *moelle* a été de trois syllabes:

> Vieux corps tout épuisé de sang et de mouelle.
>
> (RACAN.)

*Oin* est monosyllabe. Cependant on trouve *groin* dissyllabe dans Victor Hugo. Ex.:

> Ces diacres, ces bedeaux dont le groin renifle.
>
> (*Contemplations*, livre I, XIII.)

*Oua, oué, ouer, ouet, ouette, ouai*, généralement dis-syllabes, sont monosyllabes dans *fouet, ouais, couette. Fouet* était autrefois dissyllable. Ex.:

> Et d'un fouet hors les chassa.
>
> (RONSARD.)

*Oui*, généralement dissyllable, est monosyllabe dans l'affirmation *oui*. Anciennement, ce mot était de deux syllabes:

> Oïl, sire, par sainte crois.
>
> (BARTSCH, *Chrest.*, 313, 36.)

*Ouin* est monosyllable. Toutefois on le trouve aussi de deux syllabes. Ex.:

> Si stupide et si babouin.
>
> (MAROT.)

*Ua, uai, ue, uer, ueux*, sont dissyllabes, sauf dans *écuelle*, qui, d'ailleurs, a jadis compté quatre syllabes. Ex.:

> Sont les escuelles lavées.
>
> (*Méon.*)

et dans *Juan* :

> Don Juan, cette harmonie emplit le cœur de joie.
>
> (V. Hugo, *Hernani*, V, 3.)

*Duel* peut subir aussi la synérèse. Ex. :

> C'est un amour sans duel, c'est un flacon plein d'eau.
>
> (HUGO.)

*Ui*, généralement monosyllabe, est dissyllabe dans

2.

*acuité, annuité, assiduité, congruité, contiguïté, fatuité, fluide, gratuité, ingénuité, perpétuité, promiscuité, superfluité, vacuité, ruine, bruine, suicide, druide, bruire, truie.*

*Fuir* comptait autrefois deux syllabes. Ex. :

> Les oiseaux, tout ravis, demeuraient sans fuyr.
>
> (DESPORTES.)

*Juif* de même. Ex. :

> Adonc allez sus les Juifs.
>
> (CHRISTINE.)

*Yé, ya, yeur, yen, yau, ay, yi,* sont monosyllabes. Il faut excepter *pays, paysan* et *abbaye.*

## § III

A la fin du vers, la syllabe muette **ne compte pas** dans la mesure. Ex. :

> Il faut que l'herbe tombe au tranchant des faucilles.
>
> (V. HUGO, *Orientales.*)

Cette règle s'explique aisément ; en considérant le vers comme une unité isolée, dans sa constitution théorique, la dernière syllabe accentuée est le lieu d'un arrêt. La voix se prolonge donc sur cette tonique finale en y attirant, pour ainsi dire, tout ce que l'atone muette peut avoir de valeur. Nous verrons plus tard que, par suite du même principe, notre ancienne versification annihilait aussi la syllabe muette placée après la tonique de l'hémistiche[1]. C'est d'ailleurs par ce procédé que nous traitons les muettes dans la conversation : elles ne font entendre par elles-mêmes aucun son, mais la syllabe tonique qui précède se trouve renforcée. De même dans les vers populaires, où les *e* muets sont remplacés par des apostrophes devant la

1. V. chapitre II.

consonne du mot suivant. C'est plutôt en comptant les muettes dans l'intérieur du vers que notre versification déroge à l'usage ordinaire.

Cet usage peut seul expliquer comment la muette finale du vers ne compte pas non plus, lorsqu'il y a continuité dans le sens par suite d'un enjambement. Ex.:

> Il expira. Le jour où ceci sur la terre
> S'accomplissait, voici ce que voyait le ciel.
> (V. Hugo, Légende des Siècles, Mourad.)

La syllabe muette se reporte, pour ainsi dire, sur l'accentuée qui précède, y détermine un prolongement de la voix, et fortifie encore l'accent tonique et l'accent rythmique dont cette syllabe est frappée : la fin du vers est donc marquée d'une façon plus sensible, et cela dans les cas même où l'enjambement risquerait de tromper l'oreille.

## § IV

Il y a en français des vers de toutes les longueurs, depuis une seule syllabe jusqu'à douze. On peut parfaitement concevoir des unités métriques plus longues. Voici un exemple de vers qui comptent treize syllabes:

> Le chant de l'Orgie — avec des cris au loin proclame
> Le beau Lysios — le Dieu vermeil comme une flamme,
> Qui, le thyrse en main — passe rêveur, triomphant,
> A demi couché — sur le dos nu d'un éléphant.
> (BANVILLE.) [1]

La seule raison qui s'oppose à l'introduction de ces vers, c'est que le rythme, si juste et si bien marqué qu'il soit, risque d'échapper à l'oreille: il faudrait,

---

1. On connaît les vers de Scarron :

> Sobres, loin d'ici, loin d'ici, buveurs d'eau bouillie;
> Si vous y venez, vous nous ferez faire folie...
> (Chant à boire.)

pour le saisir, une tension perpétuelle qui détruirait tout le charme de la poésie.

Nous nous contenterons ici d'énumérer successivement nos diverses espèces de vers, d'en donner des exemples et d'indiquer, lorsqu'il y a lieu, leur principal usage historique [1].

1. Le vers d'une syllabe est rarement employé comme unité rythmique. Citons, à titre de curiosité, cet exemple tiré de l'*Art de la Rhétorique* par de Croy; il montre que nos anciens poètes connaissaient et pratiquaient parfois ce mètre :

> Je
> Boy
> Se
> Je
> Ne
> Voy,
> Je
> Boy.

Citons encore le sonnet suivant d'un poëte contemporain :

| Fort | Sort | Rose | Brise |
|------|------|------|-------|
| Belle, | Frêle! | Close, | L'a |
| Elle | Quelle | La | Prise. |
| Dort. | Mort! | | |

(Rességuier.)

Les vers monosyllabes s'emploient plus **souvent** mélangés avec d'autres.

> Et l'on voit des commis
> Mis
> Comme des princes,
> Qui jadis sont venus
> Nus
> De leurs provinces.

(Panard.)

Nous pourrions citer encore quelques pièces dites *échos*, dans lesquelles la dernière syllabe de chaque

1. V., au chapitre ii, la constitution rythmique de nos différents mètres.

vers est pour ainsi dire répercutée dans le vers suivant. Ex. :

> De l'auguste Louis célébrez les trophées,
> Fées ;
> Tracez, filles des bois, dessus ses lauriers verds,
> Vers.
>
> (Mˡˡᵉ Itier.)

Ce genre de composition était surtout en usage dans
la première partie du xvıᵉ siècle. J. du Bellay lui-même
nous a laissé un *écho* bien connu [1].

2. Au vers de deux syllabes s'appliquent les mêmes
observations qu'à celui d'une. Voici un ancien rondeau
en vers de ce mètre :

> Ton nom
> Me plaît,
> Caton ;
> Ton nom,
> Mais non
> Ton plaid ;
> Ton nom
> Me plaît.
>
> (*Art de Rhétorique*, par de Croy.)

Victor Hugo en a fait quelquefois usage, par exemple
dans la strophe suivante :

> On doute,
> La nuit ;
> J'écoute :
> Tout fuit ;
> Tout passe ;
> L'espace
> Efface
> Le bruit.
>
> (*Orientales*, les Djinns.)

Mêlé à d'autres vers, il se rencontre moins rarement. Ex. :

> C'est promettre beaucoup ; mais qu'en sort-il souvent ?
> Du vent [2].
>
> (La Fontaine.)

---

1. Voir encore la ballade de V. Hugo intitulée : *la Chasse du Burgrave*.
2. Pour ce vers et tous les suivants, voir, au chapitre ıv, l'usage que les
poètes en ont fait dans les combinaisons des mètres avec les rimes.

3. Le vers de trois syllabes est d'un usage un peu plus fréquent. On le trouve employé comme unité par Marot dans deux épîtres, l'une à *Alexis Jure*, l'autre à *une Damoyselle malade*, par Bertaut dans une pièce à maître Adam, et par maître Adam lui-même.

De notre temps, V. Hugo s'en est servi dans une ballade de trente-deux strophes, le *Pas d'arme du roi Jean*, Désaugiers dans quelques chansons.

Employé avec d'autres vers, il est souvent du plus heureux effet : les poètes de la Pléiade lui donnèrent place dans plusieurs combinaisons de strophes non isométriques. Ex.:

> Avril, l'honneur et des bois
> Et des mois,
> Avril, la douce espérance
> Des fruits qui sous le coton
> Du bouton
> Nourrissent leur jeune enfance.
>
> (R. BELLEAU.)

Tombé en désuétude dès le XVIIe siècle, le vers de trois syllabes ne se rencontre plus guère, même mélangé avec d'autres vers, que chez La Fontaine ou dans des compositions poétiques de genre inférieur, qui, par là même, échappaient au joug des règles. De nos jours, il a repris quelque faveur, et on le trouve assez fréquemment employé dans les mêmes combinaisons qu'au XVIe siècle. Ex. :

> Mais reviens à la vesprée
> Peu parée
> Bercer encor ton ami
> Endormi.
>
> (CH. NODIER.)

4. Le vers de quatre syllabes est employé dans des pièces isométriques par certains poètes du XVe ou du XVIe siècle avant la Pléiade : Christine de Pisan, Crétin, J. Marot. Rappelons cet exemple d'O. de Saint-Gelais :

> Pense de toy
> Dore en avant:
> Du demourant
> Te chaille poy, etc.

et celui-ci, de Marot :

> Mes damoyselles
> Bonnes et belles,
> Je vous envoye
> Mon feu de joye.
>
> *(Épîtres à deux demoiselles.)*

Au XVIII<sup>e</sup> siècle, on peut citer quelques pièces de ce mètre, une de Bernard, une autre de Parny. Ainsi usité, le tétrasyllabe a été d'un emploi tout aussi rare chez nos poètes contemporains : ils ne s'en sont guère servis que par manière de fantaisie, ou, comme on le voit pour les *Djinns*, dans une série de mètres dont le *crescendo* est destiné à produire un effet particulier :

> La voix plus haute
> Semble un grelot;
> D'un nain qui saute
> C'est le galop, etc.
>
> (V. Hugo, *les Djinns.*)

Mêlé à d'autres, ce vers est moins rarement usité. Marot s'en sert dans quelques psaumes et quelques chansons. Si Ronsard et ses disciples ne l'emploient guère, on peut cependant citer cette ode bien connue du chef de la Pléiade :

> Astres, et vous, fontaines,
> De ces roches hautaines
> Qui tombez contre-bas,
> D'un glissant pas, etc.
>
> *(De l'Élection de son Sépulchre.)*

Au XVII<sup>e</sup> siècle, on ne le trouve que dans quelques intermèdes de Molière, certains chœurs de Racine, ou dans les opéras de Quinault. Ex. :

> Rompez vos fers
> Tribus captives;
> Troupes fugitives,
> Repassez les monts et les mers;
> Rassemblez-vous des bouts de l'univers.
>
> *(Esther.)*

Nos poètes contemporains lui ont donné place dans

diverses strophes renouvelées, en général, du XVIe siècle. Ex. :

> L'homme a besoin dans sa chaumière,
> Des vents battu,
> D'une loi qui soit sa lumière
> Et sa vertu.
>
> (V. Hugo, *Contemplations*.) [1]

5. Le vers de cinq syllabes n'est pas souvent usité dans des pièces isométriques. Notre ancienne poésie en fait un très rare emploi; on peut citer cet exemple de Rutebœuf :

> Si pleur ma folie
> Et ma folle vie
> Et mon fol sens pleur
> Et ma folle erreur
> Où trop m'entr'oblie.
>
> (Chanson *Notre-Dame*.)

Au XVe siècle et dans la première partie du XVIe, Alain Chartier, Martial de Paris, Crétin, J. Marot, ont écrit quelques pièces dans ce mètre. On en trouve une dans Cl. Marot :

> La vite virade,
> Pompante pennade, etc.

Les poètes de la Pléiade ont très rarement suivi cet exemple. Citons, cependant, la pièce de Baïf intitulée *Amour dérobant le miel:*

> Le larron Amour
> Dérobant un jour
> Le miel aux ruchettes
> Des blondes avettes, etc.
>
> (*Passe-Tems.*) [2]

Au XVIIe siècle et au XVIIIe, nous ne voyons à citer que les vers de Mme Deshoulières :

> Dans ces prés fleuris
> Qu'arrose la Seine, etc.,

et quelques couplets dans les *Cantates* de J.-J. Rousseau. De nos jours, les poètes n'ont employé que de

---

1. V. au chap. IV.
2. De même, l'ode 2 du livre II dans Ronsard, et certains vers de Rapin qu'on trouvera dans la satire *Ménippée*.

loin en loin le mètre de cinq syllabes dans des pièces
isométriques. Citons de V. Hugo celle qui commence
ainsi :

> Quels sont ces bruits sourds ?
> Écoutez vers l'onde
> Cette voix profonde
> Qui pleure toujours, etc.
>
> (*Voix intérieures*, XXIV.)

Quant aux combinaisons de différents mètres où entre
ce vers, elles sont et ont toujours été assez rares. On
le trouve dans certaines strophes des psaumes de
Marot, dans quelques pièces de la Pléiade, dans les
chœurs de Racine[1].

6. Le vers de six syllabes est quelquefois employé
seul par nos anciens poètes. On le trouve, ainsi usité,
dans le *Bestiaire* de Phil. de Thaun. Ex. :

> Monosceros est beste
> Un corn ad en la teste,
> Pur ceo ad si a nun.
> De bucele ad façun.
> Par pucele est prise.
> Or oez en quel guise.

Les trouvères, comme Thibaut de Champagne, ont
fait dans ce mètre quelques chansons. Citons encore
O. de Saint-Gelais,. Ch. d'Orléans, Jean Marot,
et même Cl. Marot dans quelques épigrammes ou
épitaphes. Parmi les poètes de la Pléiade, du Bellay
a composé une de ses pièces les plus connues en vers
de six syllabes :

> A vous, troppe légère,
> Qui d'aile passagère
> Par le monde volez,
> Et d'un sifflant murmure
> L'ombrageuse verdure
> Doucement ébranlez, etc.

Ronsard a adopté ce mètre pour certaines de ses odes.
Baïf en a fait un usage assez fréquent. Nos poètes
contemporains l'ont heureusement employé. Citons, par
exemple, la *Captive* de Victor Hugo (*Orientales*).

1. V. chapitre IV.

3

Le vers de six syllabes se trouve plus fréquemment encore dans les combinaisons de mètres divers, depuis les origines mêmes de notre poésie. Rappelons l'ode de Ronsard à A. Chasteigner (liv. I, 19), celle de Malherbe à Duperrier, les strophes bien connues de Bertaut :

> Félicité passée
> Qui ne peux revenir,
> Tourment de ma pensée,
> Que n'ai-je, en te perdant, perdu le souvenir ? etc.

Les poètes du xixe siècle ont fait grand usage de l'hexasyllabe dans les strophes hétérométriques, comme on le verra plus loin.

7. Le vers de sept syllabes n'est pas moins ancien que celui de six : notre poésie du moyen âge l'emploie dans les chansons, les lais et les dicts.

> Amie, je vous salue
> En mon lai premièrement
> Douce amie, mon salu
> Preneis a commencement ; etc.
>
> (Lais du Chievrefuel.)

Thibaut de Champagne et d'autres trouvères s'en sont servis ; de même, Alain Chartier, J. Marot, Ch. d'Orléans, dont on cite la pièce suivante :

> Crié soit à la clochette
> Par les rues, sus et jus,
> Fredet, on ne le voit plus ;
> Est-il mis en oubliete ? etc.

Christine de Pisan a composé dans ce mètre le *Dict de la Pastoure*. Les poètes de la Pléiade en ont fait un très fréquent usage ; on le voit souvent adopté par Ronsard dans ses odes, quelquefois dans ses hymnes : citons, parmi ses pièces les plus connues, *l'Amour et l'Abeille*. Du Bellay, Pontus, Belleau, la plupart de leurs contemporains, ont cultivé l'heptasyllabe. Malherbe s'en sert dans son *Ode au roy Henry le Grand*. Plus tard, La Fontaine l'emploie pour quelques fables : *le Rat de ville et le rat des champs*; *Jupiter et les tonnerres*; *le Combat des rats et des belettes*, et aussi pour son imitation de *l'Amour mouillé*, d'Anacréon, etc. Au xviii° siècle, Chaulieu, J.-B. Rousseau, d'autres encore, s'en sont servis. Nos poètes contemporains ne le cultivent guère : on trouve pourtant quelques pièces de ce mètre dans les *Orientales*, les *Chants du crépuscule*, les *Voix intérieures*.

Mêlé à des vers d'autre mesure, l'heptasyllabe a toujours été fort employé, depuis nos anciens trouvères. Contentons-nous de rappeler ici la pièce de Belleau en l'honneur d'Avril.

8. Le vers de huit syllabes est, avec le décasyllabe et l'alexandrin, le plus ancien de nos mètres. On le trouve d'ailleurs en latin dès le v° siècle. Ex. :

> Quid num sibi saxa cavata,
> Quid pulcra volunt monumenta,
> Res quod nisi creditur illis
> Non mortua, sed data somno.
>
> (PRUDENTIUS.)

C'est le mètre de la *Passion du Christ* et de la *Vie de saint Léger*. Plus tard, l'octosyllabe fut employé comme vers épique : il est rare dans l'épopée carlovingienne, mais c'est le mètre favori de l'épopée bretonne, et il joue aussi le plus grand rôle dans l'épopée antique. Dès le x° siècle, nous avons un poème d'Albéric de Besançon sur Alexandre en strophes octosyllabiques monorimes. Le *Brut* est, tout entier, en octosyllabes ; le *Roman de Rou* emploie d'ordinaire ce même mètre. Benoît de Sainte-More, le plus illustre représentant du cycle antique, a composé plus de 80,000 vers de cette mesure. Le seul *Roman de Troie* en renferme 30,108. Au xiii° siècle, l'octosyllabe est le vers le plus usité dans les poèmes satiriques et allégoriques, et cette vogue dure jusqu'au xvi° siècle. Le *Roman de Renart* et le *Roman de la Rose* sont en vers de huit syllabes. Les mystères, moralités, farces, soties, emploient aussi ce mètre : il suffit de rappeler la *Farce de Patelin*. C'est encore la mesure favorite des fabliaux ; enfin, il est, la plupart du temps, appliqué à la poésie didactique et morale : citons, au xii° siècle, les *Enseignements*

*Trébor*; deux poèmes du Reclus de Moliens, *le Miserere* et le *Roman de charité*; certains bestiaires; la traduction de Végèce par Jehan Priorat, etc.

Au XVI⁰ siècle, Mellin de Saint-Gelais et Marot ont peu employé l'octosyllabe ; ce dernier s'en est pourtant servi dans quelques épîtres.

Avec la Pléiade, le vers de huit syllabes est d'un très fréquent usage. Du Bellay, Ronsard, Baïf, Magny, Tamyn s'en servent fort heureusement. Rappelons l'ode si connue de Ronsard :

> Mignonne, allons voir si la rose, etc.;

celle de Belleau sur *Amour picqué d'une mouche à miel*; le poème de Baïf sur *les Roses*, etc. La comédie adopte aussi cette mesure.

Malherbe use de l'octosyllabe dans certaines odes, en particulier celle *Sur l'attentat commis en la personne de Henry le Grand*. Plus tard, La Fontaine s'en sert pour quelques fables, notamment celle du *Statuaire*. Au XVIII⁰ siècle, il est employé par Bernis, Chaulieu, Voltaire, Gresset, M.-J. Chénier, J.-B. Rousseau, Lefranc de Pompignan. Nos poètes contemporains l'ont manié avec une merveilleuse science du rythme. Citons de V. Hugo l'ode à David, dans les *Feuilles d'automne*, et, dans *les Châtiments*, le *Manteau impérial*.

Le vers de huit syllabes s'emploie aussi, mélangé avec d'autres mètres. On verra plus loin les diverses combinaisons où il entre.

9. Le vers de neuf syllabes est peu employé : on le trouve pourtant dans les chansons de Thibaut de Champagne. Malherbe s'en est parfois servi en le mêlant aussi à d'autres mètres. On en peut voir encore quelques exemples dans les intermèdes de Molière et dans Voltaire. Ex. :

> Des destins la chaîne redoutable
> Nous entraîne à d'éternels malheurs, etc.

10. Le vers de dix syllabes, un des plus anciens

mètre*s* de notre versification, fut en très grand honneur au moyen âge, du moins dans toute la première partie. On le trouve, dès le début du xi<sup>e</sup> siècle, dans le fragment de 258 vers qui nous est parvenu sous le nom de *Consolation de Boëce*. Quarante chansons de gestes du cycle carlovingien, les plus anciennes, sont écrites en décasyllabes ; citons la *Chanson de Roland, Aspremont, Raoul de Cambrai, les enfances Ogier, Ogier de Danemark, Berte, Garin le Loherain,* etc. Les troubadours provençaux font souvent usage de ce mètre, surtout dans les complaintes, Bertrand de Born, par exemple, dans son chant sur la mort du jeune prince anglais, fils de Henri II. Les trouvères du xiii<sup>e</sup> siècle l'emploient aussi dans leurs chansons, comme Thibaut de Champagne, alors même que l'épopée l'a délaissé pour l'alexandrin. Au xv<sup>e</sup> et au xvi<sup>e</sup> siècle, c'est le *vers commun*; Marot l'a presque constamment adopté.

La nouvelle école du xvi<sup>e</sup> siècle ne laissa pas au décasyllabe la même importance. Sans doute, Ronsard écrit sa *Franciade* en vers de ce mètre ; mais ses poèmes, ses églogues, ses élégies sont généralement en alexandrins. Même dans la poésie épique, le décasyllabe ne tarde pas à être abandonné ; du Bartas écrit ses épopées en grands vers, et Vauquelin de la Fresnaye, dans son *Art poétique*, où il use lui-même de l'alexandrin, reproche à Ronsard d'avoir choisi, pour chanter Francus, un rythme qui n'est pas vraiment propre à la poésie épique. Désormais, le vers de dix syllabes est relégué dans les genres dits inférieurs. On le trouve employé dans certaines fables de La Fontaine : par exemple, *le Bassa et le Marchand* ; dans un grand nombre de pièces de Voltaire, dans le *Vert-Vert* de Gresset, etc. De notre temps, le décasyllabe est assez rarement usité dans les pièces isométriques ; il est peu commun, même mélangé à d'autres mètres [1].

---

1. V., au chapitre ii, les différents rythmes dont le décasyllabe est susceptible.

**11.** L'hendécasyllabe ne remonte qu'au xvie siècle : encore les poètes de cette époque y voyaient-ils un vers mesuré d'après la quantité prosodique des syllabes. On a voulu, de nos jours, le remettre en honneur, mais cette tentative n'a guère réussi. Contentons-nous de citer une strophe de la pièce que Rapin composa en l'honneur de Ronsard :

> Puisse ton tombeau léger estre à tes os,
> Et pour immortel monument de ton loz
> Les œillets, les lis, le lierre à maint tour
> Croissent à l'entour.

**12.** Le vers de douze syllabes fut employé pour la première fois dans le *Voyage de Charlemagne à Jérusalem*. Son nom d'alexandrin lui vient du poème épique intitulé *le Roman d'Alexandre* et composé par Lambert le Court et Alexandre de Bernay. L'alexandrin est le vers dominant dans l'épopée française, à partir du xiiie siècle. Parmi les poèmes du xive et du xve, beaucoup sont même de simples remaniements où le vers de douze syllabes a été substitué à celui de dix. Sans doute, l'alexandrin ne conserve pas toujours cette haute fortune : au commencement du xvie siècle, il est abandonné : Thomas Sibilet, dans son *Art poétique* (1548), le déclare trop lourd ; Ronsard, dans sa préface de la *Franciade*, prétend qu' « il a trop de caquet », et lui préfère le décasyllabe. Mais nous avons déjà vu que cet abandon de l'alexandrin, comme vers épique, ne dura pas longtemps ; au reste, dans tous les autres genres, c'est le mètre le plus employé par les poètes de la Pléiade, et, depuis la Renaissance, il a toujours été considéré avec raison comme le vers français par excellence : c'est celui de l'épopée, de la tragédie, de la comédie, de l'élégie, de la satire, et la poésie lyrique s'en sert très fréquemment soit en l'employant seul, soit en le mélangeant à d'autres mètres. L'usage de l'alexandrin est d'ailleurs trop connu pour que nous en donnions des exemples.

# CHAPITRE II

## RYTHMIQUE

## PREMIÈRE PARTIE

### LE RYTHME A LA FIN DU VERS OU LA RIME

### § Ier

Nous avons vu quelles étaient l'importance et la fonction de la rime ; il nous faut maintenant en tracer brièvement l'histoire.

Il a déjà été dit que la notion de la quantité syllabique s'était de bonne heure perdue chez les Romains; de bonne heure aussi ils eurent recours à la rime pour fortifier le rythme ainsi affaibli. On peut citer des exemples de vers latins rimés dans les *Florides* d'Apulée (IIe siècle) et dans la dernière *Instruction* de Commodien (IIIe siècle). Ex. :

> Incolæ cœlorum futuri cum Deo Christo
> Tenente principium, vidente cuncta de cœlo,
> Simplicitas, bonitas, habitat in corpore vestro, etc
> (COMMODIEN.)

Dans les hymnes du IVe siècle, la rime n'est plus un accident comme chez les poètes qui précèdent : elle semble avoir un caractère presque obligatoire pour les poésies religieuses et populaires. Après la renaissance classique du VIIIe et du IXe siècle, qui en restreint l'usage, elle devient un élément nécessaire de la versification dans tous les genres de poésie[1].

Toutefois, si nous nous reportons aux monuments poétiques les plus anciens de notre langue, la rime ne

---

1. V. Aubertin, *Histoire de la langue et de la littérature française.*

consiste encore que dans la parité de la dernière voyelle tonique : c'est là ce qu'on appelle l'assonance. Nous citons un exemple emprunté à la *Chanson de Roland*

Li quens Gerius set el ceval sorel  
Et sis cumpainz Gerers en Passe-cerf;  
Laschent los reisnes, brochent amdui a lait,  
Et vunt ferir un païen Timozel, etc.

(ROLAND, 1379.)

Ce sont ici des assonances masculines ; l'assonance est dite, au contraire, féminine quand les vers se terminent par une syllabe atone. Ex. :

Trenchet l'eschine, une n'i ont quis juinture,  
Tut abat mort el pred sur l'herbe drue, etc.

(ROLAND, 1333.)

On distingue les assonances d'après la voyelle accentuée : assonance en *a*, en *e*, en *i*, en *o*, en *u*, et enfin assonance nasale. Voici un exemple de cette dernière : luisant, — Rolland, — forment, — gent, — sanglenz, — desment, — guarent, etc. (*Roland*, 874.)

L'assonance ne marquant la fin du vers qu'assez faiblement, il est aisé de s'expliquer pourquoi, dans les poèmes assonancés, la même voyelle se répète plusieurs fois de suite au dernier temps fort. Cette faiblesse de la sensation rythmique est justement rachetée par la persistance du même son ; et, de la sorte, il n'y a pas d'illusion possible pour l'oreille.

Les principales chansons de gestes qui se contentent de l'assonance sont *Berte, Ogier le Danois, Girard de Roussillon, Doon de Nanteuil, Renaud de Montauban*, etc.

La rime ne tarda pas d'ailleurs à remplacer l'assonance ; la chanson de *Raoul de Cambrai*, qui est en partie du XIIe siècle, en partie du XIIIe, est moitié rimée, moitié assonancée.

Dans ce passage de l'assonance à la rime, il y a comme deux étapes à signaler. D'abord, les poètes ajou-

tèrent à la parité de la dernière voyelle tonique celle
de la consonne finale ; ne purent dès lors s'apparier
les désinences suivantes : part, arz, vassal, mat,
etc. (*Roland*, 885). Voici un exemple d'assonances où l'articulation finale est la même ; nous
le tirons du *Roman d'Alexandre* qui remonte au
XIIe siècle :

> Conter — entrer — converser — yverner — geler —
>           amer — habiter, etc.

Déjà, la plénitude de la rime se rencontre souvent dans
cette phase de notre versification : nous la trouvons
ci-dessus entre *conter* et *habiter*. Elle ne tarda pas à
détrôner l'ancienne assonance ; les poètes s'habituèrent
peu à peu à rechercher la rime *pleine*, c'est-à-dire
celle qui comprend, outre la voyelle, l'articulation dont
cette voyelle est précédée et celle dont elle est suivie.
Sans doute, ils ne se soumirent pas toujours à la stricte
observation de la règle : même au XVIIe siècle, dans nos
chefs-d'œuvre classiques, elle est souvent violée ; mais
enfin la véritable rime est désormais trouvée, et elle
devient de plus en plus un besoin pour le poète et pour
le lecteur. Voici un passage du *Chevalier au Lyon* où
nous la voyons aussi bien observée que dans nos tra-
gédies du XVIIe siècle :

> Ensi fu messire Yvains pris
> Molt angoisseus et antrepris
> Remest dedanz la sale anclos,
> Qui tote estoit cielee a clos
> Dorez et pointes les meisnières
> De boene oevre et de colors chieres,
> Mes de rien si grand duel n'avoit
> Come de ce qu'il ne savoit,
> Quel part cil en estoit allez.
>
>                                  (939.)

La rime pleine ou exacte devait être le terme final
de cette évolution qui a l'assonance pour point de départ. Mais nos poètes ne tardèrent pas à se laisser en-
traîner dans des jeux puérils. Déjà, dès les premiers

3.

siècles de notre poésie, les troubadours provençaux
avaient donné l'exemple en s'imposant des difficultés
aussi gênantes que gratuites, en recherchant les rimes
rares et ardues, en s'essayant à de véritables tours de
force qui n'ont rien de commun avec la poésie[1]. Toutefois, s'il nous faut brièvement examiner ce que l'on
désigne habituellement sous le nom d'*anciennes rimes*,
c'est au xv<sup>e</sup> siècle et dans la première partie du xvi<sup>e</sup>
que nous devons chercher nos exemples.

Les *Arts poétiques* de cette époque, ceux de l'Infor-
tuné, de Croy, de Fabri, de Gracien du Pont, nous
montrent la poésie contemporaine réduite presque tout
entière à la rime et aux jeux de sens et de mots que
l'imagination stérile des *rimeurs* en avait tirés. La
veine des anciens trouvères est désormais épuisée ; en
attendant une renaissance que certains symptômes peuvent déjà faire pressentir, nos poètes se consument
dans des artifices laborieux et puérils, signes de déca-
dence, d'épuisement et d'une sénilité qui tombe en enfance. Nous allons indiquer les principales de ces anciennes rimes : annexées, fratrisées, enchaînées, en
écho, couronnées, emperières, équivoquées, batelées,
brisées, renforcées.

La rime annexée reprend au commencement du second vers la dernière ou les dernières syllabes du premier, et ainsi de suite. Ex.:

> Par trop aimer mon pauvre cœur lamente ;
> Mente qui veut, touchant moi je dis voir.
> Voir on le peut : car pour or ni avoir,
> Avoir ne puis que douleur véhémente.
>
> (J. Marot.,

La rime fratrisée reprend le mot entier. Ex. :

> Malheureux est qui récuse science,
> Si en ce croit excuser son mesfait :
> Mais fait heureux la suivre en diligence
> Diligent ce sera nommé parfait.

1. Voir *Las Flors del gay Saber.*

La rime enchaînée ne répète pas le son, mais reprend le sens par une sorte de gradation. Ex. :

Saincte Équitaire ung diable prit,
En le prenant elle batist,
En le batant elle enchaina,
En l'enchainant ellentraina.

(Exemple tiré de FABRI.)

La rime en écho a lieu lorsque la syllabe finale qui est répétée se trouve hors de la mesure. Ex. :

Qui m'ôte ainsi de raison le devoir ?          de voir.
Qui est l'auteur de ces mots devenus ?          Venus.
Comment en sont tous mes sens advenus?     nus. etc.

(J. DU BELLAY.)

Dans la rime couronnée, la syllabe finale qui se répète compte deux fois pour le même vers. Ex. :

La blanche colombelle belle
Souvent je vais priant, criant :
Mais dessous la cordelle d'elle
Me jette un œil friant, riant
En me consommant et sommant.

(CL. MAROT.)

Dans la rime emperière, le son est répété trois fois. Ex. :

Bénins lecteurs, très diligens gens, gents,
Prenez en gré mes imparfaits faits, faits... etc.

La rime équivoquée est celle dans laquelle la dernière syllabe de chaque vers est reprise avec une autre signification au commencement ou à la fin du vers qui suit. Ex.:

En m'ébattant je fais rondeaux en rime,
Et en rimant bien souvent je m'enrime.
Bref, c'est pitié entre nous rimailleurs ;
Car vous trouvez assez de rime ailleurs, etc.

(CL. MAROT.)

La rime batelée répète le son final du vers à la césure du vers suivant. Ex.:

Quand Neptunus, puissant dieu de la mer,
Cessa d'armer carraques et galées, etc.

(CL. MAROT.)

La rime brisée ou renforcée coupe les vers après le repos en faisant rimer les césures chacune à chacune, sans préjudice de la rime finale. Les vers peuvent ainsi se dédoubler, et, si on ne les lit que jusqu'à la rime intérieure, ils offrent un sens différent de celui qu'ils font dans leur entier. Ex.:

| | |
|---|---|
| De cœur parfait | Chassez toute douleur. |
| Soiez soigneux | N'usez de nulle feinte |
| Sans vilain fait | Entretenez douceur. |
| Vaillant et preux | Abandonnez la crainte |
| Par bon effet | Montrez votre valeur |
| Soiez joyeux | Et bannissez la plainte. |

(O. DE SAINT-GELAIS.)

Citons encore: la rime *senée* (sensée) qui a lieu lorsque tous les mots commencent par la même lettre. Ex.:

C. c'est Clément contre chagrin cloué.

(CL. MAROT.)

la *rime* rétrograde par vers, mots, ou lettres, disposée de façon que le lecteur trouve un sens en lisant au rebours et en prenant un à un soit les vers, soit les mots, soit les lettres. Exemple de rime rétrograde par lettre :

A mesure ma dame ruse m'a.

(FABRI.)

les vers décroissants, dans lesquels les mots vont en diminuant successivement d'une syllabe. Ex. :

Mignonne, plusieurs fois
Tresheureux l'autre mois, etc.

Nous n'insisterons pas davantage sur ces différentes sortes de rimes, dont les espèces sont innombrables. C'est là le triomphe de Molinet, de Crétin, de Meschinot. Ce dernier se vantait d'avoir composé une série de vers qui pouvaient se lire de trente-deux façons, en conservant un sens et une rime.

Malgré l'exemple de du Bellay que nous avons cité, ces jeux d'esprit ne durèrent pas au delà de Marot, qui lui-même les cultiva seulement dans sa jeunesse.

La nouvelle école de la Pléiade rendit à la rime son véritable emploi ; si on peut même lui faire un reproche, c'est de n'avoir pas rimé assez richement.

Malherbe, quoique ennemi de ses devanciers, est en tout leur héritier et leur disciple. Il a choisi avec un goût exclusif et dédaigneux parmi les éléments que lui offrait la poésie de l'école antérieure. Pour ce qui est de la rime, il en trouva les règles les plus importantes établies par ses devanciers : lui-même y ajouta de nouvelles prescriptions, dont quelques-unes témoignent de sa finesse et de sa sagacité, tandis que les autres sont d'une sévérité excessive et puérile. Nul comme lui ne contribua a accréditer cette erreur, que la rime est faite pour les yeux ; aussi interdisait-il sans scrupule de faire rimer *puissance* et *innocence*, *forêts* et *aimerais*, etc.

Dans la seconde partie du xviie siècle, Boileau, disciple de Malherbe, recueille l'héritage de son devancier. L'illustre critique, l'homme de goût si judicieux en général, est assurément un très médiocre versificateur. Pour nous en tenir à la rime, c'était, comme on l'a dit, entre lui et elle une guerre à mort. Il n'y a qu'à feuilleter au hasard ses œuvres pour voir combien elles renferment de mauvaises rimes, dont ne voudrait pas aujourd'hui le dernier de nos poètes ; lui-même, d'ailleurs, a laissé éclater son dépit dans la fameuse épître à Molière :

Quand je veux dire blanc, la quinteuse dit noir.

D'après sa théorie, il y a lutte éternelle entre la rime et la raison : elles se repoussent naturellement l'une l'autre, et le poète a toutes les peines du monde pour établir entre elles un accord qui menace à chaque vers d'être rompu. Cette vue est absolument fausse, ou plutôt elle n'est vraie que pour les mauvais poètes. Le poète véritable pense en vers ; les vers, tout rythmés et tout rimés, se présentent d'eux-mêmes à son esprit.

C'est en vertu de la même erreur que Fénelon

demande, dans sa *Lettre à l'Académie*, sinon la suppression de la rime, au moins de nouvelles licences pour le
poète. Le xviiie siècle tout entier, en poésie et en versification, est le plus pauvre de notre histoire littéraire:
il est difficile d'imaginer un rimeur plus piètre que
Voltaire.

D'ailleurs, grâce à l'épuration perpétuelle de la langue, on en arrive, vers la fin de ce siècle et sous le
premier empire, à employer constamment un certain
nombre de rimes toutes faites, prévues d'avance, et,
pour ainsi dire, stéréotypées, comme celles de *jour* et
*amour*, *gloire* et *victoire*, *guerrier* et *laurier*, etc. Cette
stérilité dura jusqu'à l'avènement d'une école nouvelle,
le romantisme, qui, élargissant le vocabulaire poétique,
offrit au versificateur des ressources inépuisables et
put ainsi régénérer la rime. Au reste, la révolution
qu'opéra l'illustre chef de cette école dans la constitution rythmique des vers devait nécessairement imposer
au poète la loi de rimer richement. Si la rime n'avait
pas été renforcée, il eût été impossible de varier le
rythme des vers par des coupes nouvelles et par l'emploi
de l'enjambement, sous peine d'enlever à l'oreille toute
sensation de la mesure.

## § II

Après avoir raconté l'histoire de la rime, nous devons
en faire connaître les règles.

En thèse générale, la seule rime digne de ce nom est
la rime *riche* ou *pleine*, celle qui exige la parité de la
voyelle et des deux articulations qui l'entourent. Ex. :
*vie-ravie ; cheval-rival ; vainqueur-cœur*, etc.

Cependant cette rime riche, que doivent rechercher
les poètes, leur échappe, en fait, bien souvent, et n'est
pas même possible dans beaucoup de cas. Aussi y a-t-il
lieu de définir ici la rime *suffisante*, celle qui exige la
parité de la voyelle et de l'articulation par laquelle

cette voyelle est suivie. Ex. : *cheval-égal ; vainqueur-
bonheur ; soleil-sommeil*, etc.

Quant à la rime *faible*, elle ne saurait être admise
que fort rarement, dans les cas où le vocabulaire n'offre
pas de choix au poète. Encore fera-t-il mieux de l'éviter. Ce genre de rime n'exige que la similitude de la
voyelle tonique finale. Ex. : *suivi-ami, enjeu-aveu*, etc.

Les règles relatives à la rime peuvent être divisées
en deux catégories : 1° les règles d'ordre acoustique ;
2° les règles d'ordre intellectuel.

### RÈGLES D'ORDRE ACOUSTIQUE.

#### 1° *Relatives à la voyelle.*

Il faut éviter les rimes entre deux mots dont l'un a
sa voyelle longue ou ouverte, et l'autre brève ou fer-
mée : Ex.:

> De l'heureux Amurat obtenant votre grâce,
> Vous rendra dans son cœur votre première place.
>
> (RACINE, *Bajazet*, II, 1.)

Sont encore à éviter les rimes dans lesquelles une
voyelle simple répond à une diphtongue. Ex. :

> Salut, monsieur ! Le ciel perde qui vous veut nuire
> Et vous soit favorable autant que je désire.
>
> (MOLIÈRE, *Tartufe*, V, 4.)

On peut faire rimer une diphtongue avec un groupe
de voyelles séparables. Ex. :

> Et de quelque façon que le courroux des cieux
> Me prive d'un ami qui m'est si précieux.
>
> (CORNEILLE.)

La rime est suffisante lorsque, dans les deux mots
rimants terminés en *aé, éé, oé, oï*, la seconde voyelle
se détache et forme à elle seule un son.

> Que si, sous Adam même, et loin avant Noé,
> Le vice audacieux des hommes avoué...
>
> (BOILEAU.)

#### 2° *Relatives à la consonne.*

Dans les autres cas, l'articulation qui tombe sur la

voyelle, autrement dit la consonne d'appui, doit être la même. Les finales en *é, ée, er, i, ie, u, ue, a,* doivent rimer de l'articulation qui les précède. Les poètes du XVII<sup>e</sup> siècle font souvent exception pour les monosyllabes. Ex. :

> Cher enfant, que le ciel en vain m'avait rendu,
> Hélas ! pour vous sauver, j'ai fait ce que j'ai pu.
> (Athalie, IV, 5.)

De même les finales en *ant, ent, eux, on, un,* dans lesquelles il y a simple nasalisation de la voyelle.

De même encore les groupes de voyelles soit diphtonguées, soit séparables ; si la rime suivante est suffisante,

> Toi, Zatime, retiens ma rivale en ces lieux,
> Qu'il n'ait en expirant que ces cris pour adieux.
> (RACINE, Bajazet, IV, 5.)

c'est qu'il faut toujours faire exception pour les monosyllabes.

De même enfin les finales en *ir* et *cur*. La rime suivante est faible :

> N'attendez point de moi d'infâmes repentirs,
> D'inutiles regrets, ni de honteux soupirs.
> (CORNEILLE, Cinna, V, 1.)

Il faut éviter de faire rimer les mots en *is, us, as, os,* dont l's final se prononce avec ceux dont l's final ne sonne pas. Ces rimes se trouvent pourtant en assez grand nombre dans nos anciens poètes classiques, et on les rencontre encore chez Victor Hugo. Ex. :

> On voyait des lambeaux de chair aux coutelas
> De Bellone, de Mars, d'Hécate et de Pallas.
> (Légende des Siècles. — Le Satyre.)

On peut très bien faire rimer avec un autre mot le monosyllabe dont la voyelle ou la diphtongue se trouve frappée par une consonne de liaison. Ex. :

> Allons, faites donner la garde, cria-t-il;
> Et lanciers, grenadiers aux guêtres de coutil, etc.
> (V. HUGO, Châtiments. — Expiation.)

Les enclitiques *je* et *ce*, considérées comme syllabe finale du mot auquel elles s'adjoignent, donnent une rime excellente. Ex. :

> Cet homme en mon esprit restait comme un prodige ;
> Et, parlant à mon père : O mon père lui dis-je...
> (V. Hugo, *Feuilles d'automne.*)

Quand les finales en *é*, *ée*, *er*, *es*, *ez*, sont précédées de deux consonnes, dont la seconde est une liquide, *l* ou *r*, la rime n'exige que la parité de la liquide. De même la consonne *n* peut très bien répondre seule au groupe *gn*. Ex. :

> Sa présence a surpris mon âme désolée ;
> Ses menaces, sa voix, un ordre m'a troublée.
> (RACINE.)
>
> Au bout de l'univers va, cours te confiner,
> Et fais place à des cœurs plus dignes de régner.
> (RACINE.)

Le principe dominant, en matière de rime, c'est qu'il faut satisfaire non l'œil, mais l'oreille. Des sons semblables sont exigés, non des lettres semblables. C'est ainsi que les rimes suivantes sont excellentes : *consumé-aimai, innocence-puissance, morts-remords, promets-mais*, etc.

Cependant, la différence d'orthographe est parfois un obstacle à la rime. C'est ce que montrent les règles suivantes :

Les finales *é, ié*, ne riment pas avec les finales *er* et *ier*, lors même que l'*r* ne s'articule pas. Ex. : *jeter-témérité, crié-encrier*, etc.

De même on ne peut faire rimer un mot terminé par *s, x, z*, avec un autre mot qui n'a pas cette consonne finale. Ex. : *lice-délices, nation-connaissions*, etc.

De même encore, lorsque les lettres *t, d, c, g*, sont à la fin des mots, elles empêchent, quoique muettes, de faire rimer ces mots avec d'autres qui ne les ont pas. Ex. : *contraint-quatrain, or-sort, tyran-rend*, etc.

La raison de ces dernières règles, c'est que les con-

sonnes finales muettes peuvent s'articuler par suite
d'une liaison avec le vers suivant. Voilà pourquoi les
mots terminés en *d* ou *g* riment fort bien avec ceux qui
se terminent en *t* ou *c* : en effet, dans la liaison, le *d*
ou le *g* sonnent exactement comme le *t* ou le *c*. Voilà
aussi pourquoi des mots qui ne peuvent s'apparier au
singulier offrent, au pluriel, une rime excellente. Par
exemple, *contraints* et *quatrains*, *tyrans* et *différents*, etc.

### RÈGLES D'ORDRE INTELLECTUEL

Un mot ne peut rimer avec lui-même, à moins qu'il
ne s'agisse d'homonymes. Ex. :

> Le nommer empereur ? Lui ! jamais ! Dans la tombe,
> Amis, jetons la tête, et la couronne y tombe.
> (V. Hugo, Hernani, iv, 3.)

Un mot ne peut rimer avec un de ses composés ; deux
mots composés du même mot ne peuvent pas rimer entre
eux. Les rimes suivantes ne sont donc pas admis-
sibles :

> Cet admirable ouvrier n'attacha sa pensée
> Au fantasque dessein d'une œuvre pourpensée.
> (Du Bartas, Première semaine, 1.)
> Qui, tenant or la taille, ores la haute-contre,
> Or le mignard dessus, ore la basse-contre.
> (Du Bartas, Première semaine, v.)

Il ne faut pas faire rimer des mots qui expriment
des idées toutes semblables ou tout opposées. Ex. :
*malheur* et *douleur*, *ami* et *ennemi*.

Un substantif ne peut bien rimer avec le verbe qu'il
forme. Ex. :

> Par eux tout se ranime et par eux tout s'enflamme ;
> L'oiseau de Jupiter aux prunelles de flamme...
> (Roucher.)

On doit éviter de faire rimer entre eux deux adjectifs, deux adverbes, et, autant que possible, deux verbes ou deux substantifs.

Toutes ces différentes règles se rattachent à un même principe, c'est que la rime doit éveiller la surprise, ou, du moins, ne doit pas être prévue d'avance. Voilà pourquoi les composés peuvent rimer entre eux, quand ils ont des sens tout différents. Ex. :

> Sur ses genoux tremblants il tombe à cet aspect,
> Et donne à la frayeur ce qu'il doit au respect.
>
> (Boileau.)

C'est aussi pour la même raison qu'il faut éviter les meilleures rimes quand elles sont banales ; par exemple : *laurier* et *guerrier*, *jours* et *toujours*, *gloire* et *victoire*, etc.

## § III

Nous nous occuperons, dans le chapitre suivant, de la combinaison des rimes avec les mètres ; mais il nous faut traiter ici de la disposition des rimes dans les pièces isométriques.

Distinguons d'abord la rime masculine, celle qui se termine par une syllabe tonique, et la rime féminine, celle qui se termine par une syllabe muette.

Dans les anciennes poésies populaires en vers latins rimés, la disposition des rimes était tout arbitraire. La *Passion du Christ*, poème provençal du x⁰ siècle, est construite en strophes de quatre vers sur la même rime. Ex. :

> Christus Ghesus dex s'enleved,
> Getsesmanni vil'es n'anez.
> Toz sos fidels seder trovez,
> Et van orar; sols en anet.

Le fragment déjà cité du poème d'Albéric de Besançon sur Alexandre (ix⁰ siècle) se compose aussi de strophes monorimes, mais d'inégale longueur. La *Vie de saint Léger*, poème bourguignon, renferme quarante

strophes de six vers dont les rimes se suivent deux
à deux. Ex. :

> Domine Dieu devems loder,
> Et a sos sanz honor porter;
> En son amor cantoms del sanz
> Qui por lui avrent granz aanz.
> Et or es temps et si est biens
> Que nos cantoms de Saint Ledgier.

Nos chansons de gestes du xiie siècle sont **divisées**
en tirades ou *laisses* monorimes d'inégale étendue :
celles de la *Chanson de Roland* comprennent en moyenne
une douzaine de vers, quoiqu'il y en ait de beaucoup
plus longues ; on peut remarquer que les tirades
s'allongent de plus en plus dans les différentes chansons de gestes : tel couplet des *Loherains* renferme.cinq
cent seize vers. L'usage d'alterner les rimes de deux en
deux vers ne tarda pas d'ailleurs à s'introduire dans la
poésie épique ; ce fut aussi celui des fabliaux, des mystères, moralités, etc.

Quant à la poésie lyrique, les strophes des troubadours provençaux étaient, tout au début, monorimes.
Mais, vers le xiie siècle, ces constructions uniformes
sont abandonnées par eux; on sait d'ailleurs qu'ils
inventèrent tous les systèmes possibles que leur four-
nissait la disposition des rimes. La poésie septen-
trionale, très simple à l'origine et jusqu'à la fin du
xiie siècle, s'enrichit dès lors, s'assouplit, et, sans
atteindre à l'art des troubadours, sait pourtant disposer les rimes avec la plus grande habileté : il suffit de
citer Quesnes de Béthune, le châtelain de Coucy et
Thibaut de Champagne. On trouvera plus loin les
principaux thèmes qui ont été en usage dans le cours
de notre histoire poétique ou qui le sont encore aujour-
d'hui.

La règle capitale de la poésie moderne, pour ce qui
regarde la disposition des rimes, c'est qu'une rime
masculine ne doit pas être suivie immédiatement d'une

rime masculine différente, ni une rime féminine d'une
rime féminine différente.

Cette règle, malgré son importance fondamentale,
est assez récente. Comme nous le savons déjà par les
exemples cités, l'ancienne poésie du moyen âge ne la
connaissait pas. Cependant les exigences de la musique,
bien avant le vi⁰ siècle, avaient amené les poètes, dans
certaines pièces qui devaient être chantées, à faire suc-
céder régulièrement des féminines et des masculines.
On trouve, dès la fin du xii⁰ siècle, des poésies
françaises où cette disposition est observée: par exemple
dans Quesnes de Béthune ou le châtelain de Coucy;
mais c'est seulement à dater de la Pléiade que la règle
devient obligatoire; encore ne s'établit-elle pas sans
résistance.

Dans l'*Illustration de la langue française*, J. du Bellay
mentionne cette nouveauté, et, tout en l'approuvant,
la traite de superstitieuse: on n'en trouve aucune trace
dans sa traduction des quatrième et sixième livres de
l'*Énéide*, ni dans son *Olive*; plus tard, cependant, il
finit par se soumettre, lorsque la règle eut été impo-
sée par Ronsard. C'est en effet le chef de la Pléiade
qui établit comme une loi l'alternance régulière des
rimes masculines et féminines. « Le premier qui y
mit la main, dit Ét. Pasquier dans ses *Recherches de
la France*, fut Ronsard; et cet ordre fut religieusement observé depuis par du Bellay, Baïf, Belleau, et spé-
cialement par Desportes, Bartas, Pibrac. » Cependant
Ronsard lui-même ne l'avait pas respecté dans ses
*Amours de Marie*; Jodelle refusa toujours d'admettre
la nouvelle règle; du Bartas, que Pasquier cite
plus haut, ne s'y soumet que tard; enfin des protes-
tations s'élevaient encore au milieu du xvii⁰ siècle,
comme nous le montrent certains passages de Richelet.
De nos jours même, quelques poètes ou critiques ont
reproché à l'ordonnance de Ronsard la contrainte
qu'elle fait subir à notre poésie; il semble en effet que

la succession des féminines et des masculines pourrait, avec avantage, se passer d'une règle qui, favorable peut-être aux poètes médiocres, est simplement une gêne pour le vrai poète. Quoi qu'il en soit, l'ordre régulier des rimes a depuis longtemps régné dans tous les genres, et il n'y a pas d'apparence que nous revenions jamais à l'irrégularité d'avant Ronsard. Parmi les raisons qui ont été données de cette alternance, nous n'en voyons pas de concluante ; en voici une qui n'est peut-être pas sans valeur: c'est que cet ordre régulier apporte un nouveau secours au rythme: Prenons, par exemple, ces vers déjà cités dans notre *Introduction* :

> Le grand prêtre, entouré de soldats furieux ,
> Percera sa poitrine, et, d'un œil curieux,
> Dans son cœur palpitant cherchera les présages...

En supposant la rime trop faiblement marquée, l'oreille peut intervertir par mégarde l'ordre des hémistiches, et construire ainsi ces vers :

> Le grand prêtre entouré
> De soldats furieux percera sa poitrine
> Et, d'un œil curieux, dans son cœur palpitant
> Cherchera, etc.

La rime féminine qui succède immédiatement à la rime masculine avertira, la plupart du temps, l'auditeur qu'il y a eu interversion: ici, par exemple, c'est la rime *présages* qui nous donnera cet avertissement dès le troisième vers, rendu par elle impossible. Supposons, au contraire, une série de vers masculins:

> Le grand prêtre, entouré de soldats furieux,
> Percera sa poitrine, et, d'un œil curieux,
> Dans son cœur palpitant cherchera l'avenir, etc.;

il est évident que l'interversion du rythme peut continuer indéfiniment, l'oreille n'étant plus ramenée à la véritable construction par une rime féminine.

On distingue les rimes plates ou suivies, croisées, mêlées, redoublées, embrassées et tiercées.

Les rimes plates sont celles qui vont deux à deux : elles sont employées dans l'épopée, la poésie dramatique et didactique.

Les rimes croisées font alterner les vers féminins avec les vers masculins :

> Souvent sur la montagne, à l'ombre d'un vieux chêne,
> Au coucher du soleil tristement je m'assieds ;
> Je promène au hasard mes regards sur la plaine,
> Dont le tableau mouvant se déroule à mes pieds.
>
> (LAMARTINE, Méditations.)

Les rimes mêlées ne sont subordonnées qu'à la règle générale de l'alternance. On en trouve un grand nombre d'exemples dans les fables de La Fontaine, dans *les Nuits* de Musset, etc.

Dans les rimes redoublées, on répète deux fois la masculine ou la féminine, ou bien toutes les deux ; on peut encore répéter trois fois l'une ou l'autre, et même les deux. Les chœurs de Racine fournissent, de ces systèmes divers, des exemples classiques et bien connus.

Dans les rimes embrassées, les deux rimes féminines se suivent, précédées et suivies d'une rime masculine, ou réciproquement. Ex. :

> Que son nom soit béni, que son nom soit chanté ·
> Que l'on célèbre ses ouvrages,
> Au delà des temps et des âges,
> Au delà de l'éternité.
>
> (RACINE, Esther, III, 9.)

On peut encore mettre la rime féminine entre deux couples de rimes masculines, l'un qui la précède et l'autre qui la suit, et faire suivre le second couple par un vers féminin rimant avec le premier. Le système inverse est également employé. Ex. :

> C'est qu'on n'a pas caché de crimes dans ta base,
> Ni dans tes fondements de sang qui s'extravase ;
> C'est qu'on ne te fit point d'un ciment hasardeux ;
> C'est qu'aucun noir forfait, semé dans ta racine,
> Pour jeter quelque jour son ombre à ta ruine,
> Ne mêle à tes lauriers son feuillage hideux.
>
> (V. HUGO, Voix intérieures.)

Dans les rimes tiercées, chaque tercet se compose
de deux vers rimants qui embrassent un troisième
vers: ce dernier rime avec le premier et le troisième
du tercet suivant; le second vers du deuxième tercet
rime de même avec le premier et le troisième du pro-
chain tercet, et ainsi de suite. Ce système, qui admet
d'ailleurs des combinaisons variées, peut se figurer de
la façon suivante:

$$A B A'. - B' C B'' - C' D C'' - D E D'',\ \text{etc.}$$

Nous ne parlons pas ici des pièces que l'on a pu faire
sur une seule rime : ce sont des fantaisies plus ou moins
ingénieuses, mais qu'il faut classer dans les jeux d'esprit et amusements poétiques.


## § IV


Ces définitions une fois données, nous passons aux
strophes isométriques dont il nous faut indiquer au
moins les principales formes. On appelle généralement
strophes ou stances les périodes poétiques qui, renfer-
mant un nombre fixe de vers, sont assujetties, pour le
mètre et les rimes, à une règle observée dans la pièce
tout entière. Cependant l'ode peut encore être composée d'une combinaison régulière de strophes différentes, ou même se diviser en strophes libres. Enfin,
il n'est pas rare qu'elle comprenne plusieurs parties
rythmiquement indépendantes les unes des autres.

*Strophe de deux vers ou distique.* — Cette strophe
est rarement usitée; elle ne mérite d'ailleurs pas une
appellation particulière : c'est la strophe de quatre vers
à rimes plates. typographiquement séparés; seulement,
le dernier quatrain peut s'arrêter au second vers. Le
distique est employé quelquefois comme refrain. Ex. :

Semez, semez de narcisse et de rose,
Semez la couche où la beauté repose.

Pourquoi pleurer? c'est le jour le plus beau.
Vierge aux yeux noirs, pourquoi pencher la tête
Comme un beau lis courbé par la tempête,
Que son doux poids fait incliner sur l'eau ?

Semez, semez, etc.

(LAMARTINE, Chant de noce.)

*Strophe de trois vers ou tercet.* — La strophe de trois vers, qu'elle soit d'origine italienne ou provençale, a été employée au xvi° siècle par Hugues Salel, Mellin de Saint-Gelais, Lazare de Baïf, Estienne Jodelle, Desportes. Mais elle ne s'est jamais acclimatée dans notre poésie, malgré l'exemple des Italiens. De nos jours, Théophile Gautier et Banville ont essayé de la remettre en honneur.

*Strophe de quatre vers ou quatrain.* — Il y a trois formes de cette strophe :

1° Les rimes sont plates. Dans ce cas, les vers ne doivent pas être isométriques ; autrement, il n'y a véritablement pas de strophe.

2° Les rimes sont croisées. Ex. :

La mère alla dormir sous les dalles du cloître
Et le petit enfant se remit à chanter. . .
La douleur est un fruit : Dieu ne le fait pas croître
Sur la branche trop faible encor pour le porter.

(V. HUGO, Contemplations.)

3° Les rimes sont embrassées. Ex. :

Fils, apprends comme on me nomme,
Dit l'insecte du ciel bleu;
Les bêtes sont au bon Dieu,
Mais la bêtise est à l'homme.

(V. HUGO, Contemplations.)

Dans ce dernier système, la disposition des rimes exige que le premier vers de chaque strophe soit tour à tour féminin et masculin.

*Strophes de cinq vers ou quintain.* — Cette strophe se construit généralement avec des vers de huit, sept, six et cinq syllabes, ou avec des alexandrins. Elle

4

n'emploie que deux rimes. Plusieurs combinaisons sont possibles ; voici les principales :

### 1° ABBAB

Pendant que le marin qui calcule et qui doute
Demande son chemin aux constellations,
Pendant que le berger, l'œil plein de visions,
Cherche au milieu des bois son étoile et sa route ;
Pendant que l'astronome, inondé de rayons,

Pèse un globe à travers des millions de lieues,
Moi, je cherche autre chose en ce ciel vaste et pur, etc.

(V. Hugo, *Contemplations.*)

### 2° ABAAB

Tous deux, l'ange et le roi, les mains entrelacées,
Ils marchaient, fiers, joyeux, foulant le vert gazon,
Ils mêlaient leurs regards, leur souffle, leurs pensées...
O temps évanouis ! ô splendeurs éclipsées !
O soleils descendus derrière l'horizon !

(V. Hugo, *Voix intérieures.*)

### 3° AABAB

Je suis l'enfant de l'air, un sylphe, moins qu'un rêve,
Fils du printemps qui naît, du matin qui se lève,
L'hôte du clair foyer durant les nuits d'hiver,
L'esprit que la lumière à la rosée enlève,
Diaphane habitant de l'invisible éther.

(V. Hugo, *Ballades* )

### 4° ABABB

Le vœu souvent perdu de nos cœurs s'évapore ;
Mais ce vœu de nos cœurs par d'autres présenté,
Est comme un faible son dans un temple sonore,
Qui, d'échos en échos, croissant et répété,
S'élève et retentit jusqu'à l'éternité.

(LAMARTINE, *Harmonies.*

### 5° ABABA

Les hustings sont dressés et le sabbat commence :
Vieille Corruption ! entends-tu ce pays
Frémir et s'agiter comme une mer immense
Au vent des passions qui soulèvent ses fils !
As-tu bien élargi l'antique conscience ?

A. BARBIER, *Lazare.*)

*Strophe de six vers ou sixain.* — Cette strophe est une des plus souvent employées, soit avec deux rimes, soit avec trois.

Avec deux rimes : 1° A B A B A B.

J'aime surtout les vers, cette langue immortelle ;
C'est peut-être un blasphème, et je le dis tout bas,
Mais je l'aime à la rage. Elle a cela pour elle
Que les sots d'aucun temps n'en ont pu faire cas,
Qu'elle nous vient des dieux, qu'elle est limpide et belle,
Que le monde l'entend et ne la parle pas.

(MUSSET.)

### 2° A A B A B B

L'an de la quatre-vingt-cinquième olympiade
(C'était, vous le savez, le temps d'Alcibiade,
Celui de Périclès et celui de Platon),
Certain vieillard vivait, vieillard assez maussade...
Mais vous le connaissez et vous savez son nom :
C'était Aristophane, ennemi de Cléon.

(MUSSET.)

### 3° A B B A A B

C'est peut-être un peu tard pour parler encor d'elle :
Depuis qu'elle n'est plus quinze jours sont passés,
Et, dans ce pays-ci, quinze jours, je le sais,
Font d'une mort récente une vieille nouvelle ;
De quelque nom d'ailleurs que le regret s'appelle,
L'homme, par tout pays, en a bientôt assez.

(MUSSET.)

Avec trois rimes : 4° A A B C C B

Chastes buveuses de rosée,
Qui, pareilles à l'épousée,
Visitez le lis du coteau,
O sœurs des corolles vermeilles,
Filles de la lumière, abeilles,
Envolez-vous de ce manteau.

(V. HUGO, *Châtiments.*)

5° A B B A C C. Cette strophe est plus souvent employée avec des vers de différente mesure.
6° A A B C B C. Comme pour la dernière disposition,
7° A B A B C C :

Comme la cire peu à peu,
Quand près de la flamme on l'approche,
Se fond à la chaleur du feu,
Ou comme au faiste d'une roche,
La neige encore non foulée
Au soleil se perd escoulée.

(RONSARD, *Amours*, II.)

Cette strophe n'a qu'un intérêt archéologique, vu son irrégularité.

*Strophe de sept vers.* — Elle est peu usitée de nos jours; elle se construit sur deux ou sur trois rimes.

Sur deux rimes. 1° A B B A A A B
2° A B A B A A B
3° A B A B B A B

Sur trois rimes. 4° A B B A C A C
5° A B A B C C B
6° A A B C C C B
7° A A B C B C B

Voici un exemple du sixième modèle :

Et maintenant, du haut de l'arbre,
Des flèches de la tour de marbre,
Du grand mont, du ciel enflammé,
A l'horizon, parmi la brume,
Voyez-vous flotter une plume,
Et courir un cheval qui fume,
Et revenir mon bien-aimé ?

(V. HUGO, *Orientales*. — Attente.)

Voici un exemple du septième modèle :

Mon âme, il est temps que tu rendes
Aux bons Dieux les justes offrandes
Dont tu as obligez tes vœux :
Sus! qu'on dresse un autel de terre,
Avec toi payer je le veux,
Et qu'on le pare de lierre
Et de verveine aux froids cheveux.

(RONSARD, *Odes*, III, 14.)

*Strophe de huit vers.* — Cette strophe se construit sur deux, trois ou quatre rimes.

Sur deux rimes :  1° A B A B A B A B
                  2° A B A B A A A B
                  3° A B A B B A A B
Sur trois rimes :  4° A B A B B C C B
                  5° A B A B C C C B
                  6° A A A B C C C B
Sur quatre rimes :  7° A B A B C D C D
                  8° A B B A C D D C
                  9° A A B B C D C D
                 10° A B A B C C D D

Voici un exemple du quatrième modèle :

> L'orgueil déconcerté succombe ;
> Ton bras s'est déployé sur lui,
> Et sur le trône dont il tombe
> L'humble prend sa place aujourd'hui.
> Pour ceux dont tu deviens l'appui
> Plus de besoins, plus de faiblesses ;
> Le pauvre jouit des richesses
> Qui de la main du riche ont fui.
>
> (HOUDARD DE LA MOTTE.)

Du cinquième modèle :

> Si je n'etais captive
> J'aimerais ce pays,
> Et cette mer plaintive,
> Et ces champs de maïs,
> Et ces astres sans nombre,
> Si, le long du mur sombre,
> N'étincelait dans l'ombre
> Le sabre des spahis.
>
> (V. HUGO, *Orientales*. — La Captive.)

Du sixième modèle :

> Adieu la brigantine
> Dont la voile latine
> Du flot qui se mutine
> Fend les vallons amers !
> Adieu la balancelle
> Qui sur l'onde chancelle,
> Et comme une étincelle
> Luit sur l'azur des mers.
>
> (V. HUGO, *Orientales*.)

4.

Du huitième modèle :

> Tandis que l'étoile inodore,
> Que l'été mêle aux blonds épis,
> Émaille de son bleu tapis
> Les sillons que la moisson dore;
> Avant que de fleurs dépeuplés
> Les champs aient subi les faucilles,
> Allez, allez, ô jeunes filles
> Cueillir des bleuets dans les blés.
>
> (V. Hugo, *Orientales*.)

*Strophes de neuf vers.* — Cette strophe se construit d'ordinaire sur quatre rimes. Voici les différents modèles :

1° ABABCDCCD
2° ABABCCDCD
3° ABBACDCAC
4° ABBACCDDC
5° ABBABCDCD
6° AABCCBDDB

Exemple du deuxième modèle :

> Dans ces jours destinés aux larmes,
> Où mes ennemis en fureur
> Aiguisaient contre moi les armes
> De l'imposture et de l'erreur;
> Lorsqu'une coupable licence
> Empoisonnait mon innocence,
> Le Seigneur fut mon seul recours :
> J'implorai sa toute-puissance,
> Et sa main vint à mon secours.
>
> (ROUSSEAU.)

Du quatrième modèle :

> Toi, sois bénie à jamais
> Ève qu'aucun fruit ne tente !
> Qui, de la vertu contente,
> Habites les purs sommets !
> Ame sans tache et sans rides,
> Baignant tes ailes candides,
> A l'ombre et bien loin des yeux,
> Dans un flot mystérieux
> Moiré de reflets splendides !
>
> (V. Hugo, *Chants du Crépuscule*.)

Du cinquième modèle :

> Comme il pleut ce soir!
> N'est-ce pas, mon hôte?
> Là-bas, à la côte,
> Le ciel est bien noir,
> La mer est bien haute!
> On dirait l'hiver;
> Parfois on s'y trompe...
> Le vent de la mer
> Souffle dans sa trompe.

(V. Hugo, Voix intérieures.)

Du sixième modèle :

> Ce peuple s'éveille
> Qui dormait la veille
> Sans penser à Dieu.
> Les grands palais croulent;
> Mille chars qui roulent
> Heurtent leur essieu;
> Et la foule accrue
> Trouve en chaque rue
> Un fleuve de feu.

(V. Hugo, Orientales.)

La strophe de neuf vers a été employée par nos poètes du moyen âge, soit troubadours, soit trouvères; négligée par la Pléiade et Malherbe, peu usitée dans les deux derniers siècles, elle est encore aujourd'hui beaucoup moins fréquente que celle de huit ou de dix vers : c'est, sans doute, parce qu'elle n'est pas aussi symétrique.

*Strophe de dix vers.* — La strophe de dix vers ne remonte pas au delà du XVI<sup>e</sup> siècle: on en attribue l'invention à Ronsard. De toutes les strophes lyriques, aucune n'est plus souvent employée; c'est qu'elle est parfaitement équilibrée et qu'elle présente, au plus haut point, cette symétrie si chère aux poètes français. Ronsard s'en est servi pour ses épodes dans les odes pindariques; plus tard, Malherbe en fit un fréquent usage, ainsi que ses principaux disciples; au XVIII<sup>e</sup> siècle, Rousseau et Lefranc de Pompignan l'ont cultivée; de notre temps enfin, elle a été reprise par nos plus grands poètes.

Les vers qui s'adaptent le mieux à cette strophe sont ceux de sept et de huit syllabes, que Ronsard y employa. Quelques poètes, notamment Racan, ont essayé des alexandrins; mais cette tentative n'a pas réussi, sans doute parce que des vers aussi longs sont un obstacle à la sensation pleine du rythme.

Les quatre types les plus usités se figurent de la façon suivante :

1° ABABCCDEED
2° ABBACDCDEE
3° ABBACCDEDE
4° ABBACCDEED

Voici un exemple de la première forme :

La mémoire des morts demeure
Dans les monuments ruinés.
Là, douce et clémente, à toute heure,
Elle parle aux fronts inclinés,
Elle est là dans l'âme affaissée,
Filtrant de pensée en pensée,
Comme une nymphe au front dormant
Qui seule sous l'obscure voûte
D'où son eau suinte goutte à goutte
Penche son vase tristement.

(V. Hugo, *Voix intérieures,* iv.)

De la deuxième forme :

O que j'aime la solitude!
Que ces lieux sacrés à la nuit,
Éloignez du monde et du bruit,
Plaisent à mon inquiétude!
Mon Dieu, que mes yeux sont contents
De voir ces bois qui se trouvèrent
A la nativité des temps,
Et que tous les siècles révèrent,
Estre encore aussi beaux et verts
Qu'aux premiers jours de l'univers!

(Théophile, *la Solitude.*)

De la troisième forme :

L'hiver à qui la glace
Hérissait les cheveux,
Enfin, selon nos vœux,
Au printemps a fait place.

Les monts audacieux
Qui, presque dans les cieux,
Semblent porter leurs testes,
De vert sont revêtus,
Et des coups des tempêtes
Ne sont plus combattus.

(MAYNARD.)

De la quatrième forme :

Le traict qui fuit de ma main
Si tost par l'air ne chemine,
Comme la fureur divine
Vole dans un cœur humain,
Pourvu qu'il soit préparé,
Pur de vice et réparé
De la vertu précieuse.
Jamais les dieux qui sont bons
Ne respandent leurs saincts dons
En une âme vicieuse.

RONSARD, Odes, I. 9.

*Strophe de douze vers* [1] *ou douzain.* — Cette strophe comprend trois formes principales :

1° ABABCCDEDEDE
2° ABABCCDECEEC
3° ABABCCCDEEED

Voici un exemple de la première forme :

Au fond de votre solitude,
Princesses, songez quelquefois
Que le climat où sont les rois
Est un séjour d'inquiétude;
Que les orages, dangereux
Pour ceux qu'on croit les plus heureux
S'élèvent sur la mer du monde;
Et que, dans un port écarté,
Tandis que la tempête gronde,
On rencontre la sûreté
D'une paix solide et profonde
Que l'on possède en liberté.

(CHAULIEU.)

1. Pour la strophe de onze vers, voir le *Chant royal*, au chapitre V.

Voici un exemple de la seconde :

> Pauvre Grèce, qu'elle était belle,
> Pour être couchée au tombeau !
> Chaque vizir, de la rebelle
> S'arrachait un sacré lambeau.
> Où la fable mit ses ménades,
> Où l'amour eut ses sérénades,
> Grondaient les sombres canonnades,
> Sapant les temples du vrai Dieu ;
> Le ciel de cette terre aimée
> N'avait, sous sa voûte embaumée,
> De nuages que la fumée
> De toutes ses villes en feu.

(HUGO, *Orientales.*)

Ce dernier type de la strophe de douze vers a été créé par Victor Hugo : c'est certainement le plus beau, c'est celui qui marque le rythme avec le plus de force.

Il y a des strophes d'un nombre de vers plus considérable, de seize, dix-huit, dix-neuf vers ; mais elles se construisent sur différents mètres : au reste, nous ne pensons pas devoir nous en occuper dans ce traité, parce qu'elles sont d'un usage exceptionnel.

La construction des strophes n'est pas soumise, dans la versification contemporaine, aux mêmes règles que jadis. Au XVIe, au XVIIe et au XVIIIe siècle, on regardait la stance comme une unité composée d'unités plus petites ; c'est ainsi que celle de huit vers était l'assemblage de deux quatrains, celle de neuf vers l'assemblage d'un quatrain et d'un quintain ou de trois tercets, celle de dix vers l'assemblage d'un quatrain et d'un sixain. On avait, par une conséquence logique, établi cette loi, que les divisions du rythme total devaient suspendre le sens ; par exemple, le quatrième vers du huitain marquait un arrêt : de cette façon, le plan rythmique d'après lequel la strophe était construite pouvait être aisément saisi, vu la concordance du sens et du rythme à chaque fragment de la période.

De nos jours, ce mode de construction est aban-

donné : avec le temps, l'oreille s'est façonnée à saisir
des rythmes plus amples, et il ne paraît plus nécessaire de découper la strophe pour en rendre le dessin
saisissable : présentée comme un ensemble indivisible,
elle y gagne singulièrement en largeur et devient
beaucoup plus favorable au lyrisme du poète dont elle
soutient le souffle d'un bout à l'autre, sans l'obliger à
s'arrêter deux ou trois fois pour reprendre haleine.
Dans ce système, la règle des *repos* n'est plus à
observer ; au contraire, il faut éviter que le sens
s'arrête ou se suspende à la fin des fragments rythmiques ; ce serait marquer les sutures de la strophe et
détruire l'unité: « Si une strophe est combinée de telle
façon qu'en la coupant en deux on obtienne deux
strophes, dont chacune sera individuellement une
strophe complète, elle n'existe pas en tant que strophe [1]. »

Considérer la stance comme une unité à la fois
rythmique et logique, c'est interdire l'enjambement
d'une stance à l'autre. Cependant, cette loi ne saurait
être absolue : le goût du poète reste, partout, le
juge en dernier ressort. L'interdiction d'enjamber doit
être une règle inviolable pour le poète médiocre ;
quant au génie, il peut avoir le droit de s'en affranchir.
Nous trouverions aisément des rejets de ce genre chez
André Chénier, le premier régénérateur de notre
poésie, et chez Victor Hugo, notre plus grand lyrique ;
mais il y a là une anomalie qui serait un grave défaut
si le poète n'en savait faire une nouvelle beauté. Au
reste, même parmi les plus hardis versificateurs, aucun
ne s'est avisé de prétendre qu'on pouvait défigurer la
strophe à son gré : les enjambements signalés plus
haut ne peuvent être considérés que comme des exceptions qui supposent la règle générale à laquelle tous
nos lyriques se sont soumis.

1. Banville, *Petit traité de Poésie française.*

# SECONDE PARTIE

## LE RYTHME DANS L'INTÉRIEUR DU VERS

Nous avons montré plus haut [1], d'une façon générale, comment la versification française avait trouvé moyen de marquer le rythme. Il nous faut maintenant indiquer la construction rythmique particulière aux différents mètres. Nous commencerons par les mesures les plus courtes pour nous élever, peu à peu, jusqu'à l'alexandrin, sur lequel nous aurons à insister plus longuement.

### § Ier

Nous n'avons rien à dire des mètres d'une et de deux syllabes, qui ne sauraient offrir aucune variété rythmique ; le vers dissyllabique n'a généralement qu'un accent.

Le mètre de trois syllabes est déjà capable de dessins divers. Il peut n'avoir qu'une tonique, la finale ; mais, la plupart du temps, il en a encore une autre, soit la première, soit quelquefois la seconde.

Le vers de quatre syllabes se contente aussi de la tonique finale; mais presque toujours il y en a, au moins une autre, soit à la deuxième, soit à la première :

| | |
|---|---|
| A la deuxième : | Il fuit, s'élance, |
| A la première : | Puis, en cadence, |
| Enfin, à la troisième : | Sur un pied danse. |

(V. Hugo, Orientales.)

Le vers de cinq syllabes offre un dessin rythmique très varié. Outre la tonique finale, il en a d'ordinaire une autre, soit à la première, soit à la seconde

---

1. Introduction.

ou à la troisième, soit même à la quatrième, quoique fort rarement. Dans le morceau suivant :

1 J'ai fait, pour vous rendre
2 Le destin plus doux,
3 Ce qu'on peut attendre
4 D'une amitié tendre ;
5 Mais son long courroux
6 Détruit, empoisonne
7 Tous mes soins pour vous,
8 Et vous abandonne
9 Aux fureurs des loups.
10 Seriez-vous leur proie,
11 Aimable troupeau,
12 Vous, de ce hameau,
13 L'honneur et la joie ?

(Mme DESHOULIERES.)

ont un accent tonique à la 1re, les vers 5 et 12 ; à la 2e, les vers 1, 6, 11, 13 ; à la 3e, les vers 2, 3, 7, 9, 10 ; à la 4e, le vers 4 ; à la dernière seule, le vers 8.

Les cinq mètres dont nous avons parlé jusqu'ici ont ce caractère commun, que la tonique finale leur suffit, bien que les trois derniers en aient presque toujours une autre. Nous passons maintenant aux vers de six, sept et huit syllabes, qui ont régulièrement une tonique intérieure, et, en général, plusieurs.

Le vers de six syllabes, moitié d'un alexandrin, se divise toujours en deux ou trois fragments rythmiques, soit égaux, soit inégaux. La tonique intérieure peut occuper successivement toutes les syllabes ; cependant, d'après une loi générale que nous avons déjà mentionnée, il faut éviter de la faire tomber sur la cinquième, à moins qu'il n'y ait un repos bien marqué entre celle-ci et la sixième. Dans le morceau suivant :

1 O terre fortunée,
2 Des Muses le séjour,
3 Que le cours de l'année
4 Serene d'un beau jour !
5 En toy le ciel non chiche,
6 Prodiguant son bonheur,
7 A de la corne riche
8 Renversé tout l'honneur.

5

> 9 Deux longs tertres te ceignent
> 10 Qui, de leur flanc hardi,
> 11 Les aquilons contraignent
> 12 Et les vents du Midi.
>
> 13 Sur l'un Gastine saincte,
> 14 Mère des demi-dieux,
> 15 La teste de verd peinte,
> 16 Envoye jusqu'aux cieux, etc.
>
> (RONSARD, *Odes*, II, 21.)

ont la tonique à la première : les vers 7, 10, 14 ; à la deuxième, les vers 1, 2, 4, 5, 13, 15, 16 ; à la troisième, les vers 3, 6, 8, 9, 12 ; à la quatrième, le vers 11.

Le principal mérite de ce mètre, c'est justement la variété dont il est susceptible : la coupe par trois syllabes y domine en général, et à juste titre, comme nous le verrons en étudiant l'alexandrin, mais il faut se garder d'en abuser ; la coupe par deux syllabes est presque aussi usitée, et les autres dessins rythmiques diversifient de temps en temps les types fondamentaux. Au reste, la facture du rythme est soumise à l'idée et au sentiment du poète, qui trouve dans ces combinaisons variées un puissant moyen d'expression.

Le vers de sept syllabes n'offre plus la symétrie du précédent; mais son instabilité même est favorable aux mouvements lyriques. Les toniques intérieures frappent, en général, la troisième ou la quatrième syllabe, quelquefois la première, la deuxième ou la cinquième. Dans la strophe qui suit :

> 1 J'ai vu mes tristes journées
> 2 Décliner vers leur penchant ;
> 3 Au midi de mes années,
> 4 Je touchais à mon couchant.
> 5 La Mort, déployant ses ailes,
> 6 Couvrait d'ombres éternelles
> 7 La clarté dont je jouis;
> 8 Et, dans cette nuit funeste,
> 9 Je cherchais en vain le reste
> 10 De mes jours évanouis.
>
> (ROUSSEAU.)

ont l'accent sur la première : le vers 8; sur la se-

conde : les vers 1, 5, 6 ; sur la troisième : les vers
2, 3, 4, 7, 10 ; sur la cinquième : le vers 9. D'ailleurs,
outre cet accent intérieur obligatoire, il y en a souvent
un autre : par exemple, le vers 6 en a aussi un à la
deuxième, et le vers 8 à la cinquième. Si les accents à
la troisième et à la quatrième sont, en général, les plus
usités, c'est qu'ils découpent le vers en deux mesures
de trois et quatre ou de quatre et trois ; cette division
approche le plus de la symétrie, qui, dans ce mètre, ne
saurait être absolue. Quant aux autres coupes, elles
servent soit tout simplement à donner de la variété,
soit à fournir au poète de nouveaux moyens d'expression, par l'accord du rythme avec le sentiment.

Le vers de huit syllabes est capable d'une symétrie
parfaite ; dans ce cas, il a deux accents, celui de la
rime et un autre à la quatrième syllabe.

C'est là le dessin fondamental. Toutefois, il faut
d'autres coupes pour éviter la monotonie. Nous ne
pouvons ici les indiquer toutes ; les plus usitées se
figurent ainsi : 3-2-3, 2-3-3, 2-2-2-2, 4-2-2, 2-2-4, 2-4-2;
elles supposent trois ou même quatre accents. Men-
tionnons encore la figure 3-5. Les combinaisons :

6-2. Ex. :

> Quand je te redirai ce chant.

(2)-5-1. Ex. :

> Ma foi, je ne mentirai ja.

> (MAROT.)

5-3. Ex. :

> Honorerons-nous les autels.

> (MALHERBE.)

0-8. Ex. :

> Que ce que la toute-puissance.

> (ROUSSEAU.)

sont maladroitement rythmées et choquent sensible-
ment une oreille tant soit peu délicate. Dans les
strophes suivantes, on trouvera les principales

coupes de l'octosyllabe ; remarquons seulement que celle de 4-4 est, en général, beaucoup plus fréquente :

| | |
|---|---|
| Si nous n'avions que de tels hommes, | 4-4 |
| Juste Dieu ! comme avec douleur, | 3-5 |
| Le poète, au siècle où nous sommes, | 3-2-3 |
| Irait criant : « Malheur ! malheur ! » | 2-2-2-2 |
| On le verrait voiler sa face ; | 4-2-2 |
| Et pleurant le jour qui s'efface, | 3-2-3 |
| Debout au seuil de sa maison, | 2-2-4 |
| Devant la nuit prête à descendre, | 4-4 ou 2-2-4 |
| Sinistre jeter de la cendre | 2-3-3 |
| Aux quatre points de l'horizon !... | 4-4 ou 2-2-4 |
| | |
| Mais Dieu jamais ne se retire ! | 2-2-4 |
| Non, jamais, par les monts caché, | 1-2-3-2 |
| Ce soleil, vers qui tout aspire, | 3-2-3 |
| Ne s'est complètement couché ! | 2-4-2 |
| Toujours pour les mornes vallées, | 2-3-3 |
| Pour les âmes d'ombre aveuglées, | 3-2-3 |
| Pour les cœurs que l'orgueil corrompt, | 3-3-2 |
| Il laisse, au-dessus de l'abîme, | 2-3-3 |
| Quelques rayons sur une cime, | 4-4 |
| Quelques vérités sur un front ! | 5-3 |

(V. Hugo, *Rayons et Ombres*, 1.)

Nous abordons maintenant quatre mètres dont les coupes sont fixes, ceux de neuf, dix, onze et douze syllabes.

Le vers de neuf syllabes n'a pas une forme bien arrêtée. Dans une chanson, Malherbe l'a employé avec d'autres mesures en lui donnant une tonique sur la quatrième, et en faisant suivre cette tonique d'une muette non élidée. Ex. :

Comme d'un crime hors de raison.

C'était, grâce à un artifice ingénieux, rétablir la symétrie par la division du vers en deux fragments égaux que sépare la muette. Mais cette forme ne nous semble pas très bien rythmée ; nous n'en sentons l'harmonie qu'en élidant l'atone médiane, ce qui transforme le mètre en octosyllabe.

Un autre système consiste à découper le vers en trois

fragments égaux par trois toniques placées à la troisième, à la sixième et à la rime. On cite comme exemple ce passage de Molière :

> Quand l'hiver a glacé nos guérets,
> Le printemps vient reprendre sa place
> Et ramène à nos champs leurs attraits.
>
> (*Pastor. comique*, sc. 15.)

Ces vers sont sans doute bien cadencés ; mais le rythme n'offre aucune variété, et de longues pièces ainsi construites seraient d'une monotonie insupportable.

On peut encore placer l'accent tonique fixe, soit à la quatrième, soit à la cinquième, en élidant la syllabe suivante quand elle est muette.

A la quatrième :

> La foudre gronde et l'orage approche,
> Le vent du sud, ailerons ouverts,
> Tourbillonnant, aveugle les airs, etc.
>
> (BANVILLE.)

A la cinquième :

> Notre gouverneur a, je le pense,
> Prélevé des droits sur ce terrain.
>
> (BÉRANGER.)

Aucun de ces deux rythmes n'est d'ailleurs bien harmonieux.

Le mètre de dix syllabes présente deux types bien distincts. Dans le premier, la coupe divise le vers en deux fragments inégaux de quatre et de six syllabes. Le fragment de quatre syllabes se subdivise souvent en deux parties égales ; quant au fragment de six syllabes, il comporte toute la variété dont le mètre hexasyllabique est susceptible.

Le second type du décasyllabe a sa tonique fixe à la cinquième et se divise en deux fragments égaux. Cette forme, qui date du XVIᵉ siècle, ne manque pas d'harmonie : malheureusement, le rythme est monotone, ce qui ne permet d'en user que pour des pièces fort courtes. Nos

poètes contemporains ont assez souvent employé ainsi
le vers de dix syllabes. Ex. :

> Nous achèterons de bien belles choses
> En nous promenant le long des faubourgs;
> Les bleuets sont bleus, les roses sont roses;
> Les bleuets sont bleus, j'aime mes amours.
>
> (V. Hugo, *Chanson de Fantine.*)

Quant à mettre la tonique fixe à la sixième, comme
on l'a fait quelquefois, le rythme est fort peu harmonieux. Lorsque les deux parties d'un vers sont iné-
gales, c'est la seconde qui doit être la plus longue,
puisqu'elle supporte le poids du mètre tout entier.

Le vers de onze syllabes qui, comme nous l'avons
dit, est d'un emploi très rare, manque d'abord de symétrie ainsi que tous les vers impairs. Mais il a ensuite
le tort de se placer entre deux autres mesures, celle
de dix et celle de douze syllabes, qui, toutes deux, se
rythment admirablement; or, comme les vers pairs
ont toujours été préférés de nos poètes, l'hendécasyllabe se trouvait par là même condamné à l'oubli.

## § II

Quand nous avons expliqué les principes fondamentaux de la versification française, c'est l'alexandrin
que nous avons pris pour exemple. Il nous faut maintenant insister sur ce vers pour en analyser le mécanisme : nous l'étudierons d'abord dans sa forme
théoriquement parfaite, puis dans sa forme classique; nous montrerons ensuite, chez Racine lui-même,
les premiers symptômes de l'évolution qui devait,
deux siècles plus tard, transformer la constitution
rythmique de ce vers. Enfin, nous tracerons les règles
de l'alexandrin moderne, tel qu'il a été façonné par
les maîtres contemporains, et, avant tous, par Victor Hugo.

Nous l'avons déjà dit, la forme *idéale* du vers classique de douze syllabes est caractérisée par une symétrie parfaite : 1° à la fin du vers, l'accent tonique
de la douzième syllabe est le lieu d'un repos : chaque
alexandrin constitue de la sorte une entité rythmique
isolée, un type complet et achevé, auquel les autres
vers qui l'entourent ne peuvent faire subir aucune altération ; 2° les douze syllabes qui composent l'alexandrin sont divisées en deux parties égales par le
second accent fixe, celui de l'hémistiche, qui est aussi
le lieu d'un repos : chaque moitié du vers peut donc être
considérée, ainsi que le vers entier, comme un tout
indépendant et qui se suffit à lui-même ; 3° l'hémistiche
se divise, lui aussi, en deux parties d'un nombre égal
de syllabes, c'est-à-dire en deux fragments rythmiques
de trois syllabes chacun, et la troisième est, par suite,
marquée de l'accent tonique : on peut encore regarder
chacun de ces fragments trissyllabiques comme un élément fixe, ne relevant que de lui-même et ne faisant
partie de l'alexandrin que par juxtaposition.

La formule 3-3-3-3 est donc celle du vers classique
idéal : le rythme en est marqué par quatre toniques
fixes décomposant le vers en parties égales entre elles,
dont chacune est dans le rapport de un à deux avec
l'hémistiche, tandis que l'hémistiche est dans le même
rapport avec le vers entier. Voici quelques exemples
de cette forme :

> Il connut | son erreur. | Occupé | de sa crainte,
> Il laissa | pour son fils | échapper | quelque plainte,
> Et voulut, | mais trop tard, | assembler | ses amis.
> (RACINE, *Britannicus*, IV, II.

Tout le monde peut voir la parfaite symétrie d'un
pareil vers. Aucune oreille, si grossière qu'on la sup-
pose, ne saurait rester insensible à un rythme aussi
régulièrement marqué et qui revient la frapper d'un
battement nouveau après chaque groupe de trois syllabes. Bien plus, alors même que l'oreille serait rétive,

l'intelligence est forcée de lui venir en aide, puisque
chaque fin d'un fragment rythmique est en même temps
le lieu d'un repos logique. Aussi cette forme normale
de l'alexandrin devait-elle convenir à une société toute
primitive, à des oreilles si peu exercées et si peu dé-
licates que les rapports les plus élémentaires et les
plus simples pouvaient seuls être saisis par elles, et
encore à la condition que le sens vînt prêter son concours au rythme.

Il est inutile de dire que nous ne trouvons à aucun
moment, dans l'histoire de notre versification, l'emploi
exclusif de cette formule rigoureuse : elle n'en est pas
moins le type originel de l'alexandrin classique.

La première altération que nous observons consiste
à ne plus considérer le fragment trissyllabique comme
une entité isolée, c'est-à-dire à ne plus exiger un repos
du sens après la troisième syllabe. Dès lors, les vers
suivants deviennent possibles :

> Les specta | cles, les dons, | invinci | bles appâts...
> Par mes or | dres trompeurs | tout le peuple excité...
> Mes promes | ses aux uns | ébloui | rent les yeux...
> (RACINE, *Britannicus*, IV, II.)

Quant à l'accent de l'hémistiche, il reste toujours le
lieu d'un repos dans toute l'histoire de notre versification classique; cette césure médiane est même si rigoureuse, si fortement marquée, si indispensable pour
l'oreille, que, chez nos anciens poètes, la syllabe muette
qui suit la tonique de l'hémistiche ne compte pas dans
la mesure du vers, exactement comme celle dont est
suivie la tonique finale. Citons pour exemple ces vers
de J. Marot :

> Environ les quatre heur(es), le roi, sans long séjour,
> Fait sonner; mettez sel(les), gendarmes, à cheval, etc.

Même à l'époque de Racine, l'hémistiche, bien qu'on
ne fasse plus de vers comme les précédents, forme généralement un tout isolé et complet en soi; la césure

de la sixième syllabe est presque aussi forte que celle de la douzième.

La seconde altération permet à l'alexandrin d'échapper à cette incurable monotonie dont le frappait la recherche d'une symétrie absolument rigoureuse. Dès que l'oreille commence à être plus exercée, à sentir plus finement, elle aperçoit des rapports moins simples qui lui échappaient auparavant; elle n'a pas besoin d'être rappelée constamment à la sensation du rythme par la régularité invariable des ictus rythmiques sans cesse répétés de trois en trois syllabes: dès lors, le poète peut employer d'autres formules, moins parfaites, sans doute, au point de vue de la symétrie, mais aussi moins monotones, et qui, permettant au vers de s'assouplir, permettent aussi au versificateur d'exprimer ses idées et ses sentiments, au moyen du rythme, par une foule de combinaisons nouvelles. Le rapport de 1 à 2 est conservé pour marquer la relation de l'hémistiche au vers entier; mais il ne l'est plus pour marquer celle des deux éléments qui constituent l'hémistiche. Il n'y a alors que deux accents fixes, celui de la sixième et celui de la douzième : les autres sont devenus mobiles.

Le rapport de 1 à 3 donne l'hémistiche dont la formule est 2-4; et ainsi, outre le vers fondamental 3-3-3-3, nous avons les combinaisons suivantes, dont il semble inutile de donner des exemples

2-4-2-4
4-2-4-2
2-4-4-2
4-2-2-4
3-3-2-4
3-3-4-2
2-4-3-3
4-2-3-3

Le rapport de 1 à 6 donne l'hémistiche dont la for-

5.

mule est 1-5 ; et ainsi, nous avons encore les combinaisons suivantes :

| | |
|---|---|
| 1-5-1-5 | 3-3-5-1 |
| 1-5-2-4 | 4-2-1-5 |
| 1-5-3-3 | 4-2-5-1 |
| 1-5-4-2 | 5-1-1-5 |
| 1-5-5-1 | 5-1-2-4 |
| 2-4-1-5 | 5-1-4-2 |
| 3-3-4-5 | 5-1-5-1 |
| 2-4-5-1 | 5-1-3-3 |

Enfin, l'hémistiche peut ne présenter aucun accent
rythmique, et, de là, les nouvelles formules :

| | |
|---|---|
| 1-5-0-6 | 0-6-3-3 |
| 2-4-0-6 | 0-6-4-2 |
| 3-3-0-6 | 0-6-5-1 |
| 4-2-0-6 | 0-6-1-5 |
| 5-1-0-6 | 0-6-0-6 |
| 0-6-2-4 | |

Telles sont les combinaisons du système classique.
Si donc nous voulons maintenant donner une définition du vers de douze syllabes tel qu'il a été employé
par le xviie siècle, nous dirons qu'il a pour caractères dis-
tinctifs : 1° d'être rythmiquement et logiquement coupé
en deux par la césure de l'hémistiche, et séparé du vers
suivant par la césure finale ; 2° de se fonder, quant à
la relation des fragments rythmiques, sur les rapports
$\frac{1}{2}, \frac{1}{3}, \frac{1}{6}$, la formule 0-6 rentrant elle-même dans le
premier de ces rapports, si l'on considère l'hémistiche
comparé au vers entier.

De l'alexandrin classique à l'alexandrin romantique,
il y a eu transition lente, ou plutôt les premiers indices
de l'évolution que le vers de douze syllabes a subie dans
notre siècle se retrouvent, déjà fort sensibles, dans nos

anciens poètes : c'est ce que nous allons d'abord montrer, sans remonter plus haut que Racine, le maître universellement reconnu de la versification classique.

Ce qui fait la différence entre l'alexandrin du système classique et celui du système romantique, c'est, dans le premier, les deux repos obligatoires après la tonique médiane et la finale : les enjambements sont interdits, soit d'un hémistiche à l'autre, soit d'un vers au vers suivant.

Cependant les poètes du xviie siècle et Racine lui-même ne se conformaient pas toujours à ces deux règles.

Si nous commençons par la seconde, il nous sera facile de citer un grand nombre d'exemples dans lesquels ces poètes se sont permis des enjambements proprement dits. D'ailleurs, les grammairiens eux-mêmes admettaient certains accommodements ; par exemple, le rejet était toléré lorsque les mots rejetés comportaient un développement qui remplissait le vers entier, ou lorsqu'il y avait, après ces mots, une suspension, une réticence, une interruption. Ce furent là les premiers tempéraments apportés à la règle. Ex. :

> Oui, j'accorde qu'Auguste a droit de conserver
> L'empire, où sa vertu l'a fait seule arriver.
> (CORNEILLE, *Cinna.*)
> Je parlerai, madame, avec la liberté
> D'un soldat qui sait mal farder la vérité.
> (RACINE, *Britannicus.*)

Mais, en dehors même de ces exceptions reconnues pour légitimes, on peut citer encore quelques vers de nos poètes classiques dans lesquels l'enjambement ne saurait être justifié par les mêmes motifs. Ex.:

> Les derniers traits de l'ombre empêchent qu'il ne voie
> Le filet : il y tombe, en danger de mourir...
> (LA FONTAINE.)
> Regarde dans ma chambre et dans ma garde-robe
> Les portraits des Dandins : tous ont porté la robe.
> (RACINE, *Plaideurs.*)

De pareils exemples sont, il est vrai, peu nombreux; ils ne figurent d'ailleurs que bien rarement dans le style élevé et soutenu : toutefois on peut y voir le point de départ de la réforme contemporaine qui a abrogé l'interdiction de l'enjambement, rendant ainsi à la versification française des ressources précieuses dont elle s'était bénévolement privée.

Si, dans les exemples qui précèdent, l'alexandrin n'est plus considéré comme une entité rythmique indépendante des autres entités qui la précèdent ou qui la suivent, à plus forte raison l'hémistiche ne devait-il pas être rigoureusement astreint à se terminer sur un repos du sens. C'est là sans doute la règle, et Boileau la donne dans toute sa sévérité : mais lui-même ne l'observe pas toujours, et aucun poète contemporain ne se fait scrupule d'y déroger bien souvent. Voici des vers de Racine où la voix peut, à la rigueur, se reposer sur la tonique médiane, mais où, cependant, le repos est bien marqué sur la tonique suivante :

> Mais, madame, Néron suffit pour se conduire...
> Je vous entends ; Néron m'apprend par votre voix...
> En vain, pour détourner ses yeux de sa misère...
> Quoi! madame, toujours soupçonner son respect...
> C'est ma mère, et je veux ignorer ses caprices...
> Cette nuit, je l'ai vue arriver en ces lieux...
> D'une beauté qu'on vient d'arracher au sommeil...
> Elle n'a vu couler de larmes que les siennes...
> Tibère que l'hymen plaça dans sa famille...
> Vous verrons-nous toujours trembler sous sa tutelle ?...
> Britannicus pourrait t'accuser d'artifice...
> Quand l'empire devait suivre son hyménée...
> Seigneur, et je n'ai point prétendu m'en cacher...
> Je la suis. Mon rival t'attend pour éclater...
> (RACINE, *Britannicus*, I et II.)

Nous savons que les acteurs prononçaient ces vers en s'arrêtant sur la tonique de l'hémistiche ; ils essayaient donc de rester fidèles au type classique, et dans ces derniers exemples, c'était encore possible : mais en voici d'autres où le repos médian ne peut plus s'admettre, à moins que l'on ne fasse injure au bon sens :

> Je sens que je deviens importune à mon tour...
> Vous dont j'ai pu laisser vieillir l'ambition...
> Il ne finisse ainsi qu'Auguste a commencé...
> Ne l'osez-vous laisser un moment sur sa foi ?...
> Ai-je donc élevé si haut votre fortune ?...
> Mais vous avais-je fait serment de le trahir ?...
> Qui croit voir son salut ou sa perte en ma main...
> N'avait-on que Sénèque et moi pour le séduire ?...
> N'ose-t-il être Auguste et César que de nom ?...
> Et n'avertissez point la cour de vous quitter...
> Que mon père épousa jadis pour ma ruine...
> Il n'a point détourné ses regards d'une fille...
> Si tant de soins ne sont adoucis par vos charmes...
> Le crime d'en avoir dépouillé l'héritière...
>
> (RACINE, *Britannicus*, I et II.)

Ces vers, quoi qu'on en ait, sont du mode romantique.

Le caractère distinctif de l'alexandrin moderne est, en effet, l'absence de tout repos obligatoire, soit au milieu, soit à la fin du vers. C'est ce que nous allons éclaircir en parlant d'abord de l'enjambement proprement dit, puis des enjambements intérieurs.

Dans la versification grecque et dans la versification latine, aucune règle n'a jamais proscrit l'enjambement; il en est de même chez les peuples modernes: la versification française a fait seule exception. Il ne faudrait d'ailleurs pas croire que l'interdiction des rejets remonte bien haut dans l'histoire de notre poésie. Jusqu'au XVIIᵉ siècle, le rythme et le sens restent indépendants l'un de l'autre; en voici quelques exemples :

> Sovant, quant il te soverdra
> De tes amors...
>
> (BARTSCH, *Chrest.*, 317, 5.)
>
> Quant à l'ostel venoient, en chambre ou en solier
> Metoit Tybert Bertain, n'i leissoit aprouchier
> Nuli, fors lui tout seul.....
>
> (BARTSCH, *Chrest.*, 351, 5.)

Le sang des occis sans lever
Crie contre eux. Dieu ne veut plus
Le souffrir ; ains les réprouver
Comme mauvais, il est conclus.
*(Christine de Pisan.)* [1]

Les poètes du XVIᵉ siècle pratiquent constamment le rejet, à l'exemple de Ronsard ; celui-ci, comme il le dit dans sa préface de la *Franciade*, avait cependant été d'opinion, en sa jeunesse, que les enjambements n'étaient pas bons en poésie : « Toutefois, ajoute-t-il, j'ai connu depuis le contraire, par la lecture des auteurs grecs et romains. »

Seulement, les poètes de cette époque sèment les rejets çà et là, au hasard du vers qui fait sans façon déborder son trop-plein sur le vers suivant. Il leur manque, et à Ronsard lui-même, la science rythmique dans la construction de l'alexandrin.

C'est, en effet, une grave erreur de penser qu'il est plus facile de faire des vers quand on se permet l'enjambement: au contraire, plus les règles mécaniques sont nombreuses et précises, plus la poésie devient comme un métier, ces règles mêmes favorisant la médiocrité aux dépens du génie. L'alexandrin moderne est bien plus difficile à manier que l'alexandrin classique, et la raison en est justement dans cette absence de prescriptions fixes qui laisse à l'oreille et au goût du poète une liberté périlleuse; ce qu'on peut dire, c'est qu'il est plus facile de faire des vers mauvais dans le mode romantique. Quant à l'avantage des enjambements, ils n'évitent pas seulement la monotonie: ils fournissent encore une source inépuisable d'effets et une infinité de combinaisons nouvelles pour l'expression rythmique de la pensée ou du sentiment. Il suffit de lire quelques pages d'André Chénier ou de Victor Hugo pour voir quel secours l'emploi du rejet offre aux grands poètes. Dans notre versification con-

1. Notons ici que l'enjambement a toujours été autorisé dans les mètres autres que l'alexandrin, notamment dans le décasyllabe dont Malherbe dédaigna de s'occuper.

temporaine, la marche du sens et celle du rythme ne sont plus parallèles: ils peuvent s'écarter l'un de l'autre et ne sont soumis qu'à une loi, c'est d'arriver ensemble au terme de la course; or, ce terme n'est plus la fin du vers, mais, pour parler d'une façon générale, la fin d'une période plus ou moins longue dont l'unité est faite par l'expression d'une même idée ou d'un même sentiment.

Passons maintenant à ce que nous avons appelé « les enjambements intérieurs ». Comme nous l'avons vu, le vers alexandrin classique est construit sur quatre arsis; il renferme quatre accents toniques déterminatifs du rythme, si nous exceptons la formule 0—6, qui embrasse un groupe de six syllabes sous un seul accent. Dans l'alexandrin romantique, l'accent de la sixième syllabe perd son caractère d'accent rythmique, puisqu'il n'est plus le lieu d'un repos, et, de la sorte, le vers se construit sur trois arsis seulement, dont aucune ne tombe à la fin de l'hémistiche. En indiquant ci-dessous les formules de notre alexandrin moderne, nous les mettons en regard des formules classiques dont elles dérivent :

| Mode romantique | Mode classique |
|---|---|
| 4-4-4 | 4-2-2-4 |
| 3-5-4 | 3-3-2-4 |
| 3-4-5 | 3-3-1-5 |
| 4-3-5 | 4-2-1-5 |
| 4-5-3 | 4-2-3-3 |
| 5-4-3 | 5-1-3-3 |
| 5-3-4 | 5-1-2-4 |
| 2-5-5 | 2-4-1-5 |
| 5-5-2 | 5-1-4-2 |
| 5-2-5 | 5-1-1-5 |
| 2-6-4 | 2-4-2-4 |
| 4-6-2 | 4-2-4-2 |
| 3-6-3 | 3-3-3-3 |
| 1-6-5 | 1-5-1-5 |
| 5-6-1 | 5-1-5-1 |

Prenons les plus importantes de ces formules, en cherchant des exemples dans Racine et dans Victor Hugo.

### 4-4-4

Toujours punir, toujours trembler dans vos projets.
*(Britannicus, IV, 3.)*
Où rien ne tremble, **où rien ne pleure**, où rien ne souffre.
*(Légende des Siècles, I.)*

### 3-5-4

Mais des crimes pour vous commis à votre vue...
*(Britannicus, IV, 2.)*
Les halliers où l'agneau paissait avec les loups.
*(Légende des Siècles, I.)*

### 3-4-5

Quand l'empire devait suivre son hyménée...
*(Britannicus, II, 4.)*
Ève blonde admirait l'aube, sa sœur vermeille.
*(Légende des Siècles, I.)*

### 4-5-3

Britannicus pourrait t'accuser d'artifice.
*(Britannicus, II, 3.)*
Dans le limon que l'être ineffable pétrit.
*(Légende des Siècles, I.)*

### 5-3-4

Ne pourrons-nous pas rendre Hélène à son époux ?
*(Andromaque.)*
Il vit l'infini, porche horrible et reculant.
*(Légende des Siècles, Kanut.)*

### 2-6-4

Faut-il que vous veniez attendre son réveil ?
*(Britannicus, I, 1.)*
D'un homme contre un tas de gueux épouvantable.
*(Légende des Siècles.)*

### 3-6-3

J'obéis sans prétendre à l'honneur de l'instruire.
*(Britannicus, I, 2.)*
Il levait au-dessus de la mer son cimier.
*(Légende des Siècles.)*

On le voit par ces exemples, qu'il serait d'ailleurs facile de multiplier, les vers du mode romantique ont leur origine dans notre versification classique. Il ne faut pas oublier, du reste, que ces vers, même chez nos poètes contemporains, sont relativement peu nombreux. Le mode classique domine toujours dans une proportion très considérable.

On peut se demander si l'évolution rythmique est dès maintenant achevée. Quelques poètes de nos jours transgressent assez souvent la règle en vertu de laquelle il doit y avoir un accent tonique à la sixième syllabe. Et en effet, dans le mode romantique, cet accent ne paraît être autre chose qu'une concession à la forme traditionnelle : au point de vue rythmique, il n'y a pas de différence entre ces deux vers :

Où rien ne trem | ble, où rien ne pleu | re, où rien ne souffre :
Où rien ne trem | ble désormais, | où rien ne souffre.

Il semble encore que, dans le système romantique, le vers n'étant plus considéré comme une entité rythmique isolée, la muette finale d'un alexandrin à enjambement devrait compter comme une syllabe dans la mesure de l'alexandrin suivant (1). Nous n'insisterons pas sur ces deux points. Pour le second, aucun exemple ne saurait être cité ; quant à l'absence de tonique médiane, nul grand poète ne l'a encore autorisée.

Quoi qu'il en soit, on peut voir par tout ce qui précède comment notre oreille a été peu à peu façonnée à saisir des rapports plus complexes : il faut une éducation rythmique très cultivée pour sentir l'harmonie du vers romantique ; d'abord parce que les relations sont moins simples, ensuite, parce que le sens n'aide plus à la perception du rythme.

Il nous reste maintenant à protester contre l'accusation de monotonie que l'alexandrin français s'est vu trop souvent adresser. Si l'on se rappelle toutes les com-

1. V. page 29.

binaisons auxquelles se prêtent le mode classique et le mode romantique, on verra qu'aucun vers n'est au contraire plus souple, plus flexible, plus varié. Mais cette variété devient réellement infinie quand on considère, avec la position relative des accents qui déterminent le rythme, celle des simples accents toniques dont les différentes places donnent lieu à une multitude de combinaisons nouvelles. Si nous prenons, par exemple, deux vers de la même formule, ces deux vers présenteront une physionomie toute différente, selon la position respective des toniques simples : soit la formule 4-4-4 et les deux alexandrins suivants :

> Dans le serpent, dans l'aigle altier, dans la colombe...
> Tantôt des bois, tantôt des mers, tantôt des nues.
> <div style="text-align:right">(<i>Légende des Siècles.</i>)</div>

On voit aisément combien le premier vers diffère du second. La place des toniques simples est d'ailleurs laissée au gré du poète, et aucune règle ne la régit : c'est à lui de les disposer selon les lois générales de l'harmonie que son goût doit interpréter dans chaque application particulière. Il y trouve une source intarissable de variété. Aussi, grâce à l'infinité de positions diverses que peuvent occuper les accents rythmiques les uns relativement aux autres, les accents toniques dans leur disposition respective, enfin les accents rythmiques par rapport aux accents toniques, l'alexandrin français est un merveilleux instrument, capable de faire sentir les plus fines nuances et de donner à tous les sentiments, pour délicats qu'ils soient, l'expression rythmique qui leur convient.

# CHAPITRE III

## HARMONIQUE

Nous avons déjà traité, dans le précédent chapitre, de l'harmonie qui se rapporte aux relations du sens et du rythme. Il nous reste à parler de deux autres sortes d'harmonies : la première est d'ordre purement *acoustique*; la seconde est à la fois d'ordre acoustique et d'ordre intellectuel ; elle se fonde sur les sentiments qu'éveillent en nous les sensations de l'ouïe : nous pourrons l'appeler « harmonie *symbolique* ».

### § Ier

*Harmonie acoustique ou mécanique.* — L'harmonie acoustique n'est pas soumise à des règles particulières ; on en peut exprimer la loi générale par le vers bien connu de Boileau :

> Fuyez des mauvais sons le concours odieux.

L'oreille et le goût du poète doivent être juges. Il faut cependant faire une exception pour un seul cas, celui de l'hiatus, qui est interdit dans notre versification depuis trois siècles. On appelle hiatus la rencontre d'une voyelle qui termine un mot avec une voyelle qui commence le mot suivant, ou qui s'y trouve précédée seulement d'une *h* muette : la seule exception à faire est celle de l'*e* muet, qui, subissant l'élision, ne donne lieu à aucun heurt.

L'hiatus est permis dans l'intérieur des mots. Ex.:

> La fille de Minos et de Pasiphaé.
>
> (RACINE.)

Entre deux vers. Ex.:

> Il pillait les appas splendides de l'été,
> Il adorait la fleur, cette naïveté.
>
> (V. Hugo, *Légende des Siècles*, Satyre.)

Avec les voyelles nasales *en, an, in,* etc.

> Approchez-vous, Néron, et prenez votre place.
>
> (Racine, *Britannicus.*)

Avec les mots dans lesquels la voyelle finale est suivie de consonnes qui ne s'articulent pas, comme *clef, loup, quartier,* etc. Ex.:

> Les casques sont d'acier et les cœurs sont de bronze.
>
> (V. Hugo, *Légende des Siècles.*)

Avec les locutions *oui, oui, ah! ah!, çà et là, à tort et à travers,* etc. Ex.:

> Le juge prétendait qu'à tort et à travers...
>
> (La Fontaine.)

Quand un mot finit par un *e* muet, que précède une autre voyelle, il y a, dans le cas où cet *e* muet s'élide devant la voyelle initiale du mot suivant, un hiatus entre la voyelle qui précède l'*e* et celle qui commence ce mot. Ex.:

> Je vois marcher contre elle une armée en furie.
>
> (Racine, *Iphigénie,* iii, 4.)

Cet hiatus est permis.

La conjonction *et* ne doit pas se mettre devant une voyelle. Nous ne pourrions plus dire :

> Y ourdisse ses rets et en vos creuses targes...
>
> (Ronsard, *Poèmes,* ii.)

Dans notre ancienne versification, l'hiatus était autorisé entre toutes les voyelles, sauf exception pour l'*e* muet et l'*a* final dans *la, ma, ta, sa.* Ex.:

> De quel forme est li cuens c'on apele Rolant.
>
> (Fierabras.)

> Non de s'annor, mes de sa honte.
>
> (Chev. Lyon.)

Un certain nombre de mots pouvaient, au gré du poète, ou s'élider, ou former hiatus ; par exemple : *je, ce, se (si), ne (ni), que.*

Il ne faut pas, comme l'ont fait certains critiques, attribuer à Ronsard l'interdiction de l'hiatus. Peut-être le chef de la Pléiade et ses disciples ont-ils évité le heurt des voyelles dans certains cas trop choquants; mais, quoi qu'il en soit, ils n'ont à cet égard édicté aucune règle. Au commencement du XVIIe siècle, Régnier, dans sa satire contre Malherbe, reproche encore à ce poète de faire consister la poésie à

> Prendre garde qu'un *qui* ne heurte une diphtongue.

C'est, en effet, Malherbe qui établit le premier les lois relatives à l'hiatus, et l'on ne trouve dans toutes ses pièces que le suivant :

> Je demeure en danger que l'âme qui est née...
> (*Larmes de saint Pierre.*)

encore le poème où se trouve ce vers est-il un de ses plus anciens.

Les règles de l'hiatus prêtent à bien des critiques. D'une façon générale, il semble que l'oreille du poète devrait être juge de l'harmonie et apprécier, à ses risques et périls, quels hiatus sont à éviter, quels autres peuvent être admis sans scrupule. On remarquera, d'ailleurs, que ces règles ne sont pas bien logiques: il y a, par exemple, contradiction à interdire de faire suivre la conjonction *et* par un mot à voyelle initiale, en permettant l'hiatus pour les mots dans lesquels la voyelle finale est suivie d'une consonne non articulée. Dans notre versification moderne, où la douzième syllabe n'est plus le lieu d'un repos, on ne voit pas non plus pourquoi l'hiatus est permis d'un vers enjambant à un vers enjambé. Quoi qu'il en soit, les règles de Malherbe sont demeurées en vigueur jusqu'à notre époque, et les plus grands poètes

s'y sont religieusement soumis. Nous citerons seulement comme exception le charmant hiatus de Musset :

> Ah ! folle que tu es,
> Comme je t'aimerais demain, si tu vivais !
>
> <div align="right">(<i>Namouna.</i>)</div>

Il est facile de faire valoir les meilleures raisons
contre ces règles qui peuvent gêner bien souvent le vrai
poète. Mais, parmi les motifs qu'ont allégués les critiques pour en demander l'abrogation, il s'en trouve un
qui, quoique souvent invoqué, n'en a pas plus de
valeur : on a montré dans l'intérieur des mots les
hiatus les plus choquants en apparence, et l'on a pré-
tendu que les rencontres de voyelles permises dans
ces cas devaient l'être aussi, sous peine de contradiction,
quand elles avaient lieu d'un mot à l'autre. C'était ne
pas comprendre la différence profonde qui existe entre
ces deux modes d'hiatus. Quand deux voyelles se suc-
cèdent, la première, en vertu d'une loi générale du langage, est abrégée par celle qui la suit : cette abréviation ne souffre aucune difficulté lorsque les deux
voyelles se trouvent dans l'intérieur d'un mot, parce
que la première est atone ; au contraire, quand il
s'agit de deux mots dont l'un finit et dont l'autre commence par une voyelle, la première des deux voyelles
a toujours l'accent tonique. Or l'accent tonique tend
à allonger le son sur lequel il porte : par conséquent,
la voyelle qu'il frappe est soumise à deux in-
fluences contradictoires, dont l'une a pour effet un
allongement, et l'autre une abréviation. Voilà pourquoi
l'hiatus doit être évité ; et, si l'on veut en donner une
juste définition, il faut dire qu'*il est constitué par la
rencontre* non pas de deux voyelles quelconques,
mais *d'une voyelle tonique soit avec une atone, soit avec
une seconde tonique.*

## § II

*Harmonie symbolique ou imitative.* — Tous les manuels
de rhétorique et de versification traitent longuement
de l'harmonie imitative ; mais, sur ce terrain, la pente
est glissante vers la superstition : combien de poètes
anciens ou modernes se sont vu attribuer, par de zélés
commentateurs, des intentions qu'ils n'avaient jamais
eues ! Toutefois, en refusant de nous associer à de
trop ingénieuses remarques, dont la subtilité parait
n'avoir pas de limites, il n'est pas dans notre pensée
de vouloir méconnaître l'effet de l'harmonie symbolique ; seulement, nous nous contenterons d'en indiquer,
s'il est possible, le caractère général, sans essayer de
donner des règles précises et d'assigner à chaque
lettre, voyelle ou consonne, le genre d'impression
morale qu'elle éveille dans notre âme [1].

Il n'est pas une langue qui ne renferme un grand
nombre d'onomatopées, c'est-à-dire de vocables expri-
mant les effets des objets eux-mêmes sur nos sens :
tels, en français, les mots *murmure, tonnerre, fracas,
aboyer, miauler, mugir*, etc. Ce sont là des exemples
restreints à un mot isolé ; mais le procédé de l'harmonie symbolique est exactement le même quand il
s'agit d'une série de mots, d'une phrase musicale
tout entière. Lorsque Delille dit :

> J'entends crier la dent de la lime mordante,

il essaye d'imiter, par des sons, le bruit de la lime. Ces
effets, jadis admirés, nous paraissent assez puérils ; il
n'y a là qu'un jeu d'esprit, indigne, nous semble-t-il,
d'un véritable poète. D'ailleurs, comme il a été dit

[1] Nous ne disons rien de l'harmonie imitative rythmique, qui, d'ailleurs,
aurait trouvé sa place dans le chapitre précédent; le principe en est au
fond le même : quant au détail des différentes coupes considérées à ce
point de vue, un scrupule analogue nous a arrêté.

plus haut, on ne saurait, dans cette voie, à quelle
limite s'arrêter. Les effets d'harmonie imitative, si
ridicules et si laborieux, qu'ont tentés certains poètes
du xvi° siècle, dérivent, en somme, du même principe :
c'est, des deux parts, une fausse conception de l'imitation poétique. On connaît, par exemple, les vers
dans lesquels du Bartas veut rendre le chant de
l'alouette :

> La gentille alouette avec son tire-lire
> Tire l'ire aux faschez, et tire-lirant tire
> Vers la route du ciel, puis son vol vers ce lieu
> Vire, et désire dire : adieu, Dieu, adieu, Dieu !
> (*Première semaine, Cinquième jour.*)

Ailleurs, c'est le son des canons :

> Et leur ton ton-tonnant erre, et, prompt, rompt le rond
> Du plancher estoilé.
> (*Deuxième semaine, Cinquième jour.*)

dans un autre endroit, le bruit du tonnerre, qui

> Marmotone grondant la nue qui le presse,
> Canonne, tonne, étonne, et d'un long roulement,
> Iré, fait retentir le venteux élément.

Nous pourrions citer des exemples analogues d'un
grand nombre de poètes du xvi° siècle. On en trouvera
plusieurs dans le VII° livre des *Recherches de la France,*
par Ét. Pasquier.

C'est là ce qu'on peut appeler l'harmonie imitative
matérielle. Dans d'autres cas, ce sont des sentiments,
des états de l'âme, et non plus des objets et des phé-
nomènes physiques, que les sons peuvent représenter,
soit par le groupement des voyelles, soit par le rappel
des consonnes ; mais l'*assonance* et l'*allitération* sont
des effets trop mystérieux et trop complexes pour que
nous puissions les assujettir à des règles. Nous
nous contenterons de rappeler pour exemple ces vers
de Racine :

> Ariane, ma sœur, de quel amour blessée
> Vous mourûtes aux bords où vous fûtes laissée !
> (*Phèdre.*)

On y sent instinctivement je ne sais quel accord intime et profond entre les sons et les sentiments : des deux parts, c'est la même tristesse voilée et pénétrante. Ce rapport, toute secrète que la loi puisse en être, ne paraît pas contestable ; mais il faut se garder d'attribuer au poète l'intention préméditée d'une harmonie imitative : nous n'avons pas affaire, dans de pareils cas, à des recettes appliquées de parti pris. Ces effets imitatifs sont et doivent être inconscients ; si l'art du poète s'y montre, je n'y vois plus que de misérables procédés. En fait, ils naissent chez les Racine, sinon chez les Delille, de cette analogie mystérieuse qui tend à mettre en accord le son et le sentiment, comme le sentiment et le rythme. On peut dire, en somme, que l'harmonie symbolique est une sorte de musique descriptive, dans laquelle les mots sont à la fois des signes logiques et des *notes* : nous avons en même temps le livret et la partition.

---

# CHAPITRE IV

## COMBINAISONS DES RIMES AVEC LES MÈTRES

Après avoir étudié la rythmique et la métrique, nous passons aux combinaisons des rimes avec les mètres, soit dans les formes libres, soit dans les formes fixes.

*Vers libres.* — Les vers libres, dans les pièces hétérométriques, sont assujettis aux mêmes conditions que dans les pièces isométriques ; la principale est que le sens ne doit pas se terminer avec le système de rimes : au contraire, une pièce de ce genre doit être construite de telle sorte que le dernier vers marque seul un arrêt simultané de la période logique et de la période ryth-

6

mique. On peut donc dire que toute pièce de vers libres est, à ce point de vue, comme une strophe unique.

Quant au mélange des mètres, il n'y a pas à donner de règles précises; disons cependant que les mètres impairs ne se mêlent pas bien, en général, aux mètres pairs.

Les pièces hétérométriques à rimes mêlées semblent, au premier abord, extrêmement aisées ; et, en effet, rien de plus facile à faire que des vers médiocres dans un système qui donne au versificateur tant de liberté. Mais, quant à faire de bons vers, cette liberté même exige des poètes une oreille, un goût, une intelligence du rythme, dont bien peu sont capables. *Les Fables de La Fontaine* peuvent être regardées comme nos meilleurs modèles en ce genre.

2° *Strophes hétérométriques.* — Pour tout ce qui n'est pas l'emploi des différents mètres, la strophe hétérométrique est soumise aux mêmes règles que les strophes isométriques[1]. Quant aux divers mètres, nous nous contenterons d'indiquer quelques-unes des combinaisons les plus fréquemment usitées.

*Strophe de quatre vers.*

1° 12-3-12-3
2° 12-12-12-6
3° 12-6-12-6
4° 8-4-8-4
5° 7-3-7-3, etc.

1°    La pauvre fleur disait au papillon céleste :
                 Ne fuis pas!
      Vois comme nos destins sont différents. Je reste,
                 Tu t'en vas!
                         (V. Hugo, *Chants du Crépuscule.*)

2°    Ainsi, toujours poussés vers de nouveaux rivages,
      Dans la nuit éternelle emportés sans retour,
      Ne pourrons-nous jamais, sur l'océan des âges,
                 Jeter l'ancre un seul jour!
                         (Lamartine, *le Lac.*)

1. Chapitre I.

3°     Un jour, l'ami qui reste à ton cœur qu'on déchire
          Contemplait tes malheurs,
   Et, tandis qu'il parlait, ton sublime sourire
          Se mêlait à ses pleurs.
               (V. Hugo, *Voix intérieures*, A Olympio.)

4°        Que le mal détruise ou bâtisse
         Rampe ou soit roi,
    Tu sais bien que j'irai, Justice,
      J'irai vers toi.
           (V. Hugo, *Contemplations*, lbo.)

5°      Pour toi seul l'aimable Muse
         Qui t'amuse
   Réserve encor des chansons
         Aux doux sons.
           (Ch. Nodier, *A Musset.*)

## Strophe de cinq vers.

1° 12-12-12-12-8
2° 10-10-10-4-4

1°     Choisis quelque désert pour y cacher ta vie ;
   Dans une ombre sacrée emporte ton flambeau.
   Heureux qui, loin des pas d'une foule asservie,
   Dérobant ses concerts aux clameurs de l'envie,
     Lègue sa gloire à son tombeau !
           (V. Hugo, *Odes*, v, 11.)

2°     Oh ! quand je dors, viens auprès de ma couche
   Comme à Pétrarque apparaissait Laura.
   Et qu'en passant ton haleine me touche...
     Soudain ma bouche
     S'entr'ouvrira.
           (V. Hugo, *Rayons et Ombres*, xxv.1.)

## Strophe de six vers.

1° 12-12-12-12-12-8
2° 12-12-8-12-12-8
3° 12-12-6-12-12-6
4° 8-8-4-8-8-4
5° 7-3-7-7-3-7

1°     C'était l'instant funèbre où la nuit est si sombre,
Qu'on tremble à chaque pas de réveiller dans l'ombre
Un démon ivre encor du banquet du sabbat;
Le moment où, lisant à peine sa prière,
Le voyageur se hâte à travers la clairière;
    C'était l'heure où l'on parle bas.

                (V. Hugo, *Ballades*, 8.)

2°     Poète, ta fenêtre était ouverte au vent,
Quand celle à qui ton cœur tout bas parle souvent
    Sur son fauteuil posait sa tête :
— Oh! disait-elle, ami, ne vous y fiez pas!
Parce que maintenant, attachée à vos pas,
    Ma vie à votre ombre s'arrête...

            (V. Hugo, *Voix intérieures*, IX.)

3°     Mais toi, rien n'atteindra ta majesté pudique,
Porte sainte! jamais ton marbre véridique
    Ne sera profané.
Ton cintre virginal sera pur sous la nue;
Et les peuples à naître accourront tête nue
    Vers ton front couronné.

            (V. Hugo, *Voix intérieures*, IV.)

4°     Ami, ne t'en va plus si loin.
D'un peu d'aide j'ai grand besoin,
    Quoi qu'il m'advienne ;
Je ne sais où va mon chemin,
Mais je marche mieux quand ma main
    Serre la tienne.

                (MUSSET.)

5°     Avril, l'honneur et des bois,
    Et des mois :
Avril, la douce espérance
Des fruits qui sous le coton
    Du bouton
Nourrissent leur jeune enfance.

            (BELLEAU, *Avril.*)

## Strophe de sept vers.

La combinaison des alexandrins et des octosyllabes est presque la seule usitée; au reste, la strophe de sept vers est d'un usage assez peu fréquent.

## Strophe de huit vers.

1° 12-12-12-12-12-12-12-8
2° 10-4-10-4-10-4-10-4
3° 8-4-8-4-8-4-8-4

1°    Ils m'ont jeté vivant sous des murs funéraires ;
      Mes yeux voués aux pleurs n'ont plus vu le soleil ;
      Mais vous que je retrouve, anges du ciel, mes frères,
      Vous m'avez visité souvent dans mon sommeil.
      Mes jours se sont flétris dans leurs mains meurtrières,
      Seigneur, mais les méchants sont toujours malheureux.
      Oh ! ne soyez pas sourd comme eux à mes prières,
          Car je viens vous prier pour eux.
                          (V. Hugo, *Odes*, 1, 5.)

2°        Gastibelza, l'homme à la carabine,
              Chantait ainsi :
          Quelqu'un a-t-il connu dona Sabine ?
              Quelqu'un d'ici.
          Chantez, dansez, villageois ; la nuit gagne
              Le mont Falou.
          Le vent qui vient à travers la montagne
              Me rendra fou !
                          (V. Hugo, *Rayons et Ombres.*)

3°        Quand il tomba, lâchant le monde,
              L'immense mer
          Ouvrit à sa chute profonde
              Le gouffre amer ;
          Il y plongea, sinistre archange,
              Et s'engloutit.
          Toi, tu te noieras dans la fange,
              Petit, petit.
                          (V. Hugo, *Châtiments*, livre VII, vi.)

## Strophe de neuf vers.

1° 12-12-8-12-12-8-12-12-8
2° 8-8-8-8-8-8-8-4-4
3° 10-8-10-8-10-8-10-10-8

6.

1°    Ainsi, quand nous cherchons en vain dans nos pensées
D'un air qui nous charmait les traces effacées,
     Si quelque souffle harmonieux,
Effleurant au hasard la harpe détendue,
En tire seulement une note perdue,
     Des larmes roulent dans nos yeux!
D'un seul son retrouvé l'air entier se réveille.
Il rajeunit notre âme et remplit notre oreille
     D'un souvenir mélodieux.
                  (LAMARTINE, *Harmonies*.)

2°    Que de tristesse et que de charmes,
Tendre enfant, dans tes doux adieux!
Tout m'enivre, jusqu'à tes larmes,
Lorsque ton cœur est dans tes yeux.
A vivre ton regard m'invite;
Il me consolerait mourant.
Je m'en vais pourtant, ma petite,
     Bien loin, bien vite,
     Tout en pleurant.
                 (MUSSET, *Adieu, Suzon.*)

3°    J'enveloppais dans un morceau de bure
     Ces ruines des jours heureux.
Je me disais qu'ici-bas ce qui dure
     C'est une mèche de cheveux.
Comme un plongeur dans une mer profonde,
     Je me perdais dans tant d'oubli,
De tous côtés j'y retournais la sonde,
Et je pleurais, seul, loin des yeux du monde,
     Mon pauvre amour enseveli.
              (MUSSET, *Nuit de décembre*.)

### Strophe de dix vers.

La strophe hétérométrique de dix vers est fort peu
usitée de nos jours. Nous nous contentons d'indiquer,
sans citation, les combinaisons suivantes :

1° 8-8-8-8-8-8-8-8-12-12
            (Exemples de THÉOPHILE, CORNEILLE, GILBERT.)

2° 12-12-12-12-8-8-8-8-8-8
                  (Exemple de MALHERBE.)

3° 8-8-8-8-12-12-12-12-8-12
                  (Exemple de RACINE.)

4° 12-12-12-8-12-8-8-12-12-8
Cette dernière strophe a été employée par Victor
Hugo dans plusieurs de ses odes.

### *Strophe de onze et de douze vers.*

Ces strophes sont presque toujours isométriques. Dans le cas contraire, le mélange des mètres consiste tout simplement à introduire un vers plus long, le quatrième, pour la strophe de onze vers, le dernier, l'avant-dernier ou l'antépénultième pour la strophe de douze vers.

En général, on n'emploie dans une strophe hétérométrique que deux mètres différents. Cependant il y a quelques exceptions. Nous les figurons ci-dessous sans en donner des exemples :

Strophe de quatre vers. 12-6-8-12
                        8-8-12-6
                        12-12-8-10
Strophe de cinq vers. 12-8-12-8-6
                        12-12-8-12-6
Strophe de six vers. 8-8-8-12-6-12
                        12-12-6-8-8-12
                        8-8-6-12-8-8
                        8-8-6-12-12-6
                        8-6-12-12-8-12
                        8-8-12-12-12-6
                        10-10-12-12-6-12
Strophe de huit vers. 8-8-8-8-12-12-12-6
Strophe de dix vers. 12-12-12-8-12-12-12-12-12-6

On trouve même des strophes composées de quatre mètres différents. La strophe de huit vers a été employée avec des octosyllabes, des pentésyllabes, des hexasyllabes et des heptasyllabes; celle de dix vers avec des octosyllabes, des alexandrins, des hexasyllabes et des décasyllabes. Voici les formules de ces deux strophes :

          8-5-8-5-7-7-7-6
          8-12-12-12-12-6-10-6-10-10

# CHAPITRE V

## FORMES FIXES

Il y a, dans la poésie française, un certain nombre de types fixes; la plupart ont d'ailleurs été abandonnés de nos jours. Nous les étudions rapidement dans leur forme et dans leur histoire.

### § Ier

Les plus nombreux sont fixes dans tous leurs éléments : nombre des vers, disposition des rimes et mètres; ce sont le huitain, le dizain, le triolet, le rondel, le rondeau, la ballade et le chant royal.

Le huitain est un poème de huit vers en mètres octosyllabes ou décasyllabes, et dans lequel les rimes sont disposées de la façon suivante :

ABABBCBC

Voici un exemple bien connu de Marot :

> Lorsque Maillart, juge d'enfer, menoit
> A Montfaucon Semblançay l'âme rendre,
> A votre advis, lequel des deux tenoit
> Meilleur maintien? Pour vous le faire entendre,
> Maillart sembloit homme que Mort va prendre;
> Et Semblançay fut si ferme vieillart
> Que l'on cuidoit, pour vray, qu'il menast pendre
> A Montfaucon le lieutenant Maillart.

On peut adopter une autre disposition de rimes qui se figure ainsi :

ABBAACAC

Le huitain, jusqu'à Ronsard, n'avait été usité qu'isolément ou dans de courts poèmes d'étendue déterminée;

Ronsard l'employa, comme strophe, dans quelques odes.

Le dizain est un poème de huit vers octosyllabes, ou, plus souvent, décasyllabes; les rimes y sont disposées dans l'ordre suivant :

ABABBCCDCD

Voici un exemple de Mellin de Saint-Gelais :

> Un charlatan disoit en plein marché
> Qu'il monstreroit le dyable à tout le monde;
> S'il n'y en eut, tant fut-il empesché,
> Qui ne courust pour voir l'esprit immonde.
> Lors, une bourse assez large et profonde
> Il leur déploye et leur dit : « — Gens de bien,
> Ouvrez vos yeux, voyez; y a-t-il rien ?
> — Non, dit quelqu'un des plus pres regardans.
> — Et c'est, dit-il, le dyable, oyez-vous bien,
> Ouvrir sa bourse et ne voyr rien dedans. »

Comme le huitain, le dizain était d'un usage très fréquent, en qualité de poème isolé, chez nos anciens poètes d'avant le xvie siècle. Ceux de la Pléiade le traitèrent d'« épicerie » et ne l'employèrent point. On le voit ensuite reparaître dans les épigrammes ou madrigaux du xviiie siècle. De nos jours, il a été complètement abandonné.

Le triolet est un poème de huit vers, généralement octosyllabes. Voici comment les rimes sont disposées :

ABAAABAB

Le premier vers est le même que le quatrième et le septième; le second est le même que le dernier :

> Monsieur le comte de Tallard
> Sait bien le parti qu'il faut prendre ;
> Il est vaillant comme un César,
> Monsieur le comte de Tallard.
> Mais, s'il est battu par hasard,
> S'il faut périr ou bien se rendre,
> Monsieur le comte de Tallard
> Sait bien le parti qu'il faut prendre.

Le triolet a été repris de notre temps. Il s'approprie

très bien à l'expression d'idées gracieuses; mais on l'emploie surtout pour la satire, et c'en est une des formes les plus piquantes.

Le rondel se compose de quatorze vers, divisés en trois strophes : les deux premières de quatre vers, la troisième de six; le mètre est, en général, l'octosyllabe ou le décasyllabe. Quant aux rimes, elles sont disposées de la façon suivante :

ABBA    ABAB    ABBAAB

Le premier vers est le même que le septième et que le treizième; le second vers est le même que le huitième et que le quatorzième.

> Le temps a laissié son manteau
> De vent, de froidure et de pluye,
> Et s'est vestu de broderye,
> De soleil raiant, cler et beau.
>
> Il n'y a beste ne oiseau
> Qu'en son jargon ne chante ou crye;
> Le temps a laissié son manteau
> De vent, de froidure et de pluye.
>
> Rivière, fontaine et ruisseau
> Portent, en livrée jolye,
> Gouttes d'argent d'orfavrerie;
> Chascun s'abille de nouveau.
> Le temps a laissié son manteau
> De vent, de froidure et de pluye.
>
> (CH. D'ORLÉANS.)

Le rondeau est composé de treize vers divisés en trois strophes, dont la première et la troisième ont chacune cinq vers, la seconde trois; un refrain, qui est formé par le premier ou les premiers mots du vers initial, s'ajoute à la fin de la seconde et de la troisième strophe. Les mètres sont l'octosyllabe ou le décasyllabe; tout le poème est construit sur deux rimes, si l'on ne compte pas le refrain. Voici la disposition que les rimes affectent :

AABBA    AAB (refrain)    AABBA (refrain)

L'Amour, qui de tout sens me prive,
Fit ma raison votre captive,
Quand un soupçon, pris par malheur,
Me combla l'esprit de douleur
Et d'une tristesse excessive.

Une humeur jalouse et craintive
Se mit dans votre âme plaintive,
Et pensa chasser de mon cœur
    L'Amour.

Mais si jamais cela m'arrive,
Je consens que l'on me poursuive
Par toute sorte de rigueur.
Je ne veux plus vivre en langueur.
Meure la jalousie, et vive
    L'Amour !

                                (VOITURE.)

Le rondeau, fort en honneur avant Ronsard, puis abandonné par la Pléiade, fut repris au xviie siècle, du temps de Voiture, qui est le maître du genre. On peut citer de nos jours quelques charmants rondeaux de Musset.

Le rondeau redoublé est aussi construit sur deux rimes, mais il se divise en six quatrains. Les quatre vers du premier quatrain se répètent isolément en terminant tour à tour chacun des quatrains suivants. Au sixième quatrain s'ajoutent, comme refrain, les premiers mots du rondeau. On peut figurer tout le poème de la façon suivante :

ABAB BABA ABAB BABA ABAB BABA (refrain)

Voici un exemple de rondeau redoublé :

L'heureux séjour! l'agréable bocage
Pour un esprit exempt d'ambition
Qui sait goûter les douceurs du village,
Des vains soucis fuyant l'illusion!

Qu'on sente ailleurs toute l'émotion
Que peut causer la fortune volage
Il dit, content de sa condition :
L'heureux séjour, l'agréable bocage!

A ces beaux lieux son loisir se partage,
Et son repos, sa satisfaction,
Seront toujours un solide avantage
Pour un esprit exempt d'ambition.

Les oiseaux même, à toute occasion,
Semblent redire, exerçant leur ramage :
— Ressent du ciel la bénédiction
Qui sait goûter les douceurs du village.

Dans ses enclos, chacun peut faire usage
Des fruits offerts à sa discrétion
Et savourer la crème et le laitage,
Des vains soucis fuyant l'illusion.

A cent objets l'œil fait attention
Et doucement occupe une âme sage.
Eaux, prés, jardins, tout, sans exception,
Plaît et redit en un charmant langage :
      L'heureux séjour !

La ballade est un poème en décasyllabes ou en octosyllabes. La ballade en décasyllabes se compose de
trois dizains construits sur les mêmes rimes, et d'un
quintain dont la forme est la même que celle des cinq
derniers vers des dizains. La ballade en octosyllabes
se compose de trois huitains construits sur les mêmes
rimes, et d'un quatrain dont la forme est la même que
celle des quatre derniers vers des huitains. Le quintain ou le quatrain s'appellent *envoi*. Voici la figure
de ces deux poèmes :

Ballade décasyllabique :

1° ABABBCCDCD   2° *(id.)*   3° *(id.)* — *Envoi* : CCDCD

Ballade octosyllabique :

1° ABABBCBC   2° *(id.)*   3° *(id.)* — *Envoi* : BCBC

Quant à la double ballade, elle contient six dizains
ou six huitains au lieu de trois, et se passe, en général,
d'*envoi*. Nous nous contenteron de citer, comme
exemple, une ballade octosyllabique :

Voulentiers en ce mois icy,
La terre mue et renouvelle.
Maintz amoureux en font ainsi,
Subjectz à faire amour nouvelle,
Par légèreté de cervelle,
Ou pour estre ailleurs plus contens ;
Ma façon d'aymer n'est pas telle :
Mes amours durent en tout temps.

N'y a si belle dame aussi
De qui la beauté ne chancelle ;
Par temps, maladie ou soucy,
Laydeur les tire en sa nasselle ;
Mais rien ne peut enlaydir celle
Que servir sans fin je prétens ;
Et pour ce qu'elle est toujours belle.
Mes amours durent en tout temps.

Celle dont je dy tout cecy,
C'est Vertu, la nymphe éternelle,
Qui au mont d'honneur esclercy
Tous les vrays amoureux appelle.
« Venez, amans, verez (dit-elle),
Venez à moi, je vous attends. »
« Venez (ce dit la jouvencelle),
Mes amours durent en tout temps. »

ENVOY

Prince, fais amye immortelle,
Et à la bien aymer entens.
L'on pourrait dire sans cautelle :
« Mes amours durent en tout temps. »

(MAROT.)

La ballade fut une des formes poétiques les plus usitées depuis le xviie siècle jusqu'à la Pléiade, qui l'aban-
donna complètement. Elle retrouva quelque honneur au
xviie siècle, avec Voiture et La Fontaine. De nos jours,
elle a été renouvelée par Th. de Banville. — Dans
d'autres pays, le nom de ballade répond à un genre de
poèmes qui n'a aucun rapport avec la ballade française ;
ce qui les caractérise, c'est non pas la forme, mais le
sujet même, emprunté à des légendes fantastiques.
Telles sont d'ailleurs, chez nous, les ballades qu'a composées Victor Hugo.

7

Le chant royal est une ballade qui a cinq strophes et un envoi de cinq vers. Ce poème est complètement tombé en désuétude depuis le XVIe siècle.

## § II

Nous passons maintenant aux formes qui sont fixes par la disposition des rimes et la mesure, mais non plus par le nombre des vers. Ce sont la villanelle, le lai et le virelai.

La villanelle, qui commence toujours par un vers féminin, est divisée en tercets plus ou moins nombreux. Le 1er et le 3e vers du 1er tercet reviennent successivement en guise de refrain pour terminer, chacun à leur tour, les tercets suivants ; tous deux figurent à la dernière strophe, qui est un quatrain. La villanelle se fait en vers de sept syllabes. On peut la figurer ainsi :

$$\overset{1}{A}\overset{2}{B}\overset{1}{A} \quad \overset{1}{A}\overset{2}{B}A \quad \overset{1}{A}\overset{2}{B}A \quad A\overset{1}{B}\overset{2}{A}, \text{ etc. } A\overset{1}{B}\overset{2}{A}A$$

J'ai perdu ma tourterelle ;
Est-ce point elle que j'oy ?
Je veux aller après elle.

Tu regrettes ta femelle ;
Hélas ! aussy fay-je, moi ;
J'ai perdu ma tourterelle.

Si ton amour est fidèle,
Aussy est ferme ma foy ;
Je veux aller après elle.

. . . . . . . . .

Mort, que tant de fois j'appelle,
Prends ce qui se donne à toy.
J'ai perdu ma tourterelle,
Je veux aller après elle.

(PASSERAT.)

« Rien n'est plus chatoyant que ce petit poème. On dirait une tresse formée de fils d'argent et d'or, que

traverse un troisième, couleur de rose[1]. » La villanelle
n'est pas entièrement tombée en désuétude, comme le
chant royal ; quelques poètes modernes l'ont renouvelée:
en particulier Philoxène Boyer. Au xvi° siècle, le nom
de villanelle s'appliquait à toutes les chansons pasto-
rales. C'est plus tard seulement qu'il fut restreint à la
forme dont nous avons plus haut donné un exemple.

Le lai, hors d'usage depuis les premiers temps de
notre poésie, se compose d'une série de vers féminins
pentésyllabes, écrits sur une même rime et séparés
de deux en deux par des vers masculins de deux syllabes qui riment tous entre eux.

AAB AAB AAB, etc.

> Sur l'appui du monde,
> Que faut-il qu'on fonde
> D'espoir ?
> Cette mer profonde,
> En débris féconde.
> Fait voir
> Calme au matin l'onde ;
> Et l'orage y gronde
> Le soir.
> (Cité par le P. Mourgues, *Traité de poésie française.*)

Dans le virelai, les rimes opèrent un *virement*. Celle
du petit vers est, dans un second couplet, attribuée
au grand ; de même, au troisième couplet, le grand
vers s'approprie celle du petit dans le second, et ainsi
de suite.

AAB AAB AAB BBC BBC BBC CCD CCD CCD
DDE DDE DDE, etc.

> Sur l'appui du monde,
> Que faut-il qu'on fonde
> D'espoir ?
> Cette mer profonde,
> En débris féconde,
> Fait voir
> Calme au matin l'onde ;
> Et l'orage y gronde
> Le soir.

1. Th. de Banville, *Petit traité de versification.*

Le destin fait choir,
Homme, ton pouvoir
    Funeste
Et ton vain savoir !
Mais, comme un espoir
    Céleste,
Sous le lourd ciel noir,
C'est le seul devoir
    Qui reste.

Dans un site agreste,
Suis la loi modeste !
    Les yeux,
Vers l'azur céleste,
La vie et le geste
    Joyeux.
Clarté manifeste,
Le devoir atteste
    Les cieux.

(TH. DE BANVILLE.)

## § III

Il nous reste à parler du **sonnet**, poème fixe par le nombre des vers et par la disposition des rimes, mais non par le mètre. Les formes irrégulières du sonnet sont innombrables ; mais voici, tout d'abord, la figure du sonnet régulier :

ABBA ABBA CCD EDE

On le voit, le poème se compose de quatorze vers, divisés en deux quatrains et deux tercets. Ont la même rime les vers 1, 4, 5, 8 ; 2, 3, 6, 7 ; 9, 10 ; 11, 13 ; 12, 14 ; en tout, cinq rimes différentes.

Le sonnet est irrégulier quand on écrit les deux quatrains sur des rimes différentes, quand on croise les rimes des quatrains, quand on fait rimer le 3e vers du 1er tercet avec le 3e du 2e tercet, ou le 1er vers du 1er tercet avec le 1er vers du deuxième. Ces formes irrégulières ne sont pas moins excellentes.

Exemple de sonnet irrégulier :

Mon âme a son secret, ma vie a son mystère,
Un amour éternel en un instant conçu.
Le mal est sans espoir, aussi j'ai dû le taire,
Et celle qui l'a fait n'en a jamais rien su.

Hélas ! j'aurai passé près d'elle inaperçu,
Toujours à ses côtés et pourtant solitaire ;
Et j'aurai jusqu'au bout fait mon temps sur la terre,
N'osant rien demander et n'ayant rien reçu.

Pour elle, quoique Dieu l'ait faite douce et tendre,
Elle ira son chemin, distraite, et sans entendre
Ce murmure d'amour élevé sur ses pas.

A l'austère devoir pieusement fidèle,
Elle dira, lisant ces vers tout remplis d'elle :
« Quelle est donc cette femme ? » et ne comprendra pas.

(ARVERS.)

Le sonnet, dans notre ancienne poésie provençale,
est une petite pièce de vers dont la forme ne s'assu-
jettit pas à des règles fixes. Ce furent les Italiens qui
donnèrent à ce poème son caractère determiné ; plus
que tout autre poète, Pétrarque illustra le genre.

Le sonnet italien fut importé en France dans la première moitié du xvie siècle ; Marot et Mellin de Saint-
Gelais le cultivèrent. La Pléiade en fit le plus grand
usage, et l'on a même attribué, mais à tort, son introduction dans notre poésie à J. du Bellay. Il continua à
être en honneur dans toute la première partie du xviie
siècle. On vit le sonnet de Job et celui d'Uranie parta-
ger les beaux esprits en deux factions ; plus tard, c'est
à coups de sonnets que se battent les partisans de
Racine et ceux de Pradon dans la cabale des deux
*Phèdre*. Il est, dès lors, facile de s'expliquer l'importance que Boileau attache à ce genre, lui qui va jusqu'à dire dans son *Art poétique :*

Un sonnet sans défaut vaut seul un long poème.

Cependant, cette vogue extraordinaire ne dura pas

longtemps ; déjà Pascal s'était moqué de ces sonnets qui lui rappelaient de « jolies demoiselles parées de miroirs et de chaînes », et qu'il comparait à des reines de village . Molière, dans *le Misanthrope* et dans *les Femmes savantes*, ridiculise les sonnettistes à la mode: dans la dernière partie du xvii<sup>e</sup> siècle, le sonnet est presque complètement tombé dans l'oubli, et il reste délaissé jusqu'à l'avènement de l'école romantique. Depuis 1820, nos poètes ont presque tous cultivé ce genre, excepté les deux plus grands, Lamartine et Victor Hugo.

# CHAPITRE VI

## LA LANGUE POÉTIQUE

Nous ne croirions pas avoir terminé ce traité élémentaire de versification française, si nous ne consacrions ici quelques pages à la langue poétique et à son histoire depuis le xvi<sup>e</sup> siècle jusqu'à nos jours. Une étude sur le style de la poésie ne serait pas dans les limites de notre sujet: mais tout ce qui touche à l'orthographe, au vocabulaire et à la syntaxe poétiques nous paraît se rapporter directement à ce travail, non pas même comme un appendice plus ou moins gratuit, mais comme un complément nécessaire. D'ailleurs, pour ne pas excéder les bornes de notre ouvrage, nous nous contenterons de quelques indications toutes sommaires.

Les langues anciennes, et notamment le grec, avaient en poésie une syntaxe et un vocabulaire particuliers; il est inutile d'insister sur un fait aussi connu. De même, parmi les langues modernes, la plupart ont, pour ainsi

dire, deux dialectes, celui de la poésie et celui de la
prose ; on peut s'en assurer bien vite en comparant un
poète et un prosateur italiens, anglais ou allemands. Il
ne s'agit pas ici d'une question de style ; nous ne voulons pas dire que celui des poètes est plus brillant, plus
imagé, plus coloré que celui des prosateurs, quoique
les uns et les autres disposent des mêmes éléments et
soient soumis aux mêmes règles ; c'est justement sur la
différence de ces éléments et de ces règles que nous
appelons ici l'attention du lecteur: il y a des mots et
des formes qui sont réservés à la prose sans entrer
jamais dans la langue poétique, et surtout il y a des
vocables et des tours spéciaux à la poésie et que
n'emploie jamais la langue de la prose.

C'est aux novateurs du xvi° siècle qu'il faut faire remonter, en France, la tentative de donner à la poésie
sa langue propre. Jusqu'à cette époque, prosateurs et
poètes avaient écrit dans le même idiome : cet idiome
commun est laissé dès lors à la prose, ou, du moins, si
l'on en conserve le fond même, on essaye de l'ennoblir
et de le relever par des mots et des tours nouveaux
qui, en s'ajoutant à cet ancien fond, donneront au langage poétique quelque chose de plus pompeux, de plus
brillant et de plus sonore.

Cette réforme est attribuée avec raison à Ronsard
et à son école : on y reconnaît l'imitation de la Grèce
et de l'Italie [1], qui caractérise, dans tous les domaines
de la pensée et de l'art, le grand mouvement connu
sous le nom de Renaissance. Cependant, comme toutes
les autres réformes de la Pléiade, celle-ci avait déjà
des origines assez lointaines et que l'on peut rapporter
aux dernières années du xv° siècle. Dès cette époque,
sont nées des écoles érudites de poètes et *d'orateurs*
qui essayent à l'envi d'illustrer la langue : il suffit de
rappeler les noms plus ou moins obscurs de Jean le

1. Dante avait depuis longtemps créé la langue poétique italienne, distincte de l'idiome vulgaire.

Maire, de Maurice Scève, d'Héroët, de Pelletier, etc.
Malheureusement, ces initiateurs de la Pléiade ne voient
guère d'autre moyen pour atteindre leur but que celui
de puiser à pleines mains dans le vocabulaire des langues antiques. C'est par là que Ronsard se distingue
d'eux. Sans doute, ses innovations syntaxiques sont,
en général, calquées sur les constructions grecques et
latines, et ont, presque toutes, une tendance synthétique
en désaccord avec le développement normal de notre
idiome : c'est même sans doute la principale raison pour
laquelle elles ne purent avoir un succès durable. Mais
dans tout ce qui est relatif au vocabulaire, sa tâche con-
sista plutôt à débarrasser la langue que lui transmettait
l'école antérieure des vocables antiques dont elle avait
été affublée. Quoique accusé par Boileau d'avoir parlé
en français grec et latin, on doit, au contraire, lui
reconnaître comme un de ses principaux titres celui
d'avoir su composer une langue plus élevée que la langue
vulgaire, quoique toute française dans ses éléments.

Au point de vue syntactique, l'idiome de la poésie, tel
que le façonna Ronsard, se distingue de la prose par
l'inversion, l'emploi de l'adjectif comme adverbe et
l'usage des mots composés en guise d'épithètes [1].

On sait que, jusque vers la fin du xive siècle, notre
langue avait conservé, de la déclinaison latine, deux
cas, le cas sujet et le cas régime : ces flexions per-
mettaient à nos anciens écrivains l'usage de l'inversion.
Lorsque la chute de la déclinaison fut complète, l'inversion tendit, de plus en plus, à tomber en désuétude,
et la construction française à devenir analytique,
comme elle l'est dans nos écrivains modernes. Ronsard,
préoccupé de former, pour la poésie, une langue plus
expressive, essaya de remettre en honneur les inversions
latines, sans voir qu'elles ne s'accordaient plus avec le
génie d'une langue dépourvue de flexions : il tira par-

1. V. *la Littérature française au XVIe siècle,* par Darmesteter et
Hatzfeld.

fois de ce procédé les plus heureux effets, mais aussi
ses constructions nous paraissent bien souvent pénibles
et obscures. Nous nous contenterons de citer les suivantes :

> Et comme s'ils avaient (ainsi que dit la Fable
> De Minos) banqueté des hauts dieux à la table.
>
> *(Remonstrance au peuple de France.)*
>
> Un de ses fils puïsnez, ardent de voir la guerre,
> Un camp d'autre puisnez assembla hasardeux.
>
> *(Elégie, xx.)*
>
> Et qu'en changeant de forme une autre vestira.
>
> *(Elégie, xxx.)*

L'emploi de l'adjectif comme adverbe est encore
un procédé emprunté aux anciens : Ronsard en fait le
plus grand usage. Exemple :

> Or, près d'une onde à l'escart reculée,
> Libre folastre où son pied le conduit.
>
> *(Premier livre des Amours, cinquante-neuvième sonnet.)*

Quant aux épithètes composées, ces « grands mots
pédantesques » dont se moque Boileau, c'était une imitation de la langue grecque, et notamment d'Homère.
Ronsard y trouvait le moyen de donner à la poésie plus
d'ampleur et d'éclat. (On peut lire, dans la *Lettre à
l'Académie,* le passage où Fénelon regrette ces épithètes
et en justifie un emploi judicieux.) Exemple :

> . . . . . . . . . . . . . . . . . . . . . .
> Que le vent rase-terre emporte dans la nue.
>
> *(A quelque ministre.)*

Au point de vue du vocabulaire, Ronsard, ainsi que
nous l'avons dit, n'emprunte point aux anciens des mots
savants, comme les écumeurs de latin qui florissaient
dans la première partie du xvie siècle ; s'il veut enri-
chir et illustrer la langue française, c'est avec les ressources qu'elle-même lui offre : il indique surtout deux
moyens dont le premier est la dérivation ou *provi-
gnement*, et dont le second consiste à tirer de l'oubli les
antiques vocables tombés en désuétude, ou à introduire
dans la langue littéraire des mots empruntés aux dialectes des provinces.

Tels furent les principaux procédés que le chef de la
Pléiade appliqua pour doter la poésie d'une langue nouvelle. On sait que, malgré la gloire immense et vraiment unique dont il jouit jusqu'à sa mort, il ne put
parvenir à imposer cette langue à ses successeurs. Pour
lui, suivant ses propres expressions, la poésie et la
prose française sont « deux mortelles ennemies ». Pour
Malherbe, au contraire, il ne saurait y avoir de distinction entre les deux langues ; le poète doit

> Parler comme à saint Jean parlent les crocheteurs.
> <div align="right">(RÉGNIER, <i>Satire</i> IX.)</div>

Quelque vive qu'ait été pourtant l'hostilité de Malherbe contre l'école poétique du XVI<sup>e</sup> siècle, on peut
dire qu'il fut, malgré lui, le disciple et l'héritier de
Ronsard. C'est ce qu'il serait trop long de montrer ici
et, d'ailleurs, nous sortirions, en le faisant, de notre
sujet. Remarquons seulement que, loin d'effacer toute
délimitation entre la langue de la poésie et celle de
la prose, Malherbe et son école, c'est-à-dire tous nos
poètes classiques depuis le XVII<sup>e</sup> siècle jusqu'au
XIX<sup>e</sup>, ont employé en poésie des mots et des tournures
étrangers à la prose et ont banni de la poésie des mots
et des tournures réservés aux prosateurs. Sans doute,
« la langue poétique française n'a jamais pu, par rapport à la prose, devenir un *balcon;* mais, chez Malherbe
chez Boileau, elle est bien un *trottoir* (1) ». C'est ce
qu'il serait facile de montrer en étudiant la syntaxe et
le vocabulaire de nos poètes classiques du XVII<sup>e</sup> siècle.

Dans tous les traités de versification, même les plus
modernes, il y a un chapitre spécial consacré à ce
qu'on appelle les *licences poétiques.* Or, ces licences ne
sont autre chose que les applications du principe
en vertu duquel la poésie peut avoir une langue
spéciale. Beaucoup d'entre elles doivent sans doute
s'expliquer par des raisons particulières, et notammen'

1. Sainte-Beuve, *Poésie au XVI<sup>e</sup> siècle,* page 77, note.

par des traditions historiques; en effet, nous pouvons, le remarquer ici, la langue poétique est beaucoup plus *conservatrice* que celle de la prose, et des mots ou des constructions depuis longtemps abandonnés par les prosateurs se retrouvent souvent chez les poètes : *avecque*, par exemple, ne s'écrivait plus en prose quand La Fontaine et Molière lui donnaient encore une place dans leurs vers. Mais, quels que puissent être ces motifs spéciaux, ils sont toujours dominés par le principe supérieur d'une distinction possible ou nécessaire entre les deux langues. Nous allons passer en revue les plus importantes de ces formes grammaticales réservées uniquement à la poésie ou, tout au moins, d'un usage beaucoup plus rare en prose. Elles se rapportent : 1° à l'orthographe; 2° à la grammaire; 3° à l'ordre des mots.

1° *Orthographe*. On peut (1) supprimer l's final à la première personne d'un verbe :

> Que Phèdre explique enfin le trouble où je la voi.
> > (RACINE, *Phèdre*, III, 5.)

Et à la deuxième personne de l'impératif :

> Fais donner le signal, cours, ordonne, et revien.
> > (RACINE, *Phèdre*, II, 4.)

On peut ajouter un *s* à certains adverbes, comme *guère, certe, jusque*, etc. Ex. :

> Mais ces monstres, hélas! ne t'épouvantent guères.
> > (RACINE, *Thèbes*, I, 4.)

On peut supprimer l's final dans certains noms propres, comme *Thèbes, Mycènes, Londres, Charles*, etc. Ex. :

> Au tumulte pompeux d'Athène et de la Cour,
> > (RACINE.)

On peut supprimer l'*e* muet final dans certains mots comme *encore, zéphire*, etc. Ex. :

> Ulysse ni Calchas n'ont point encor parlé.
> > (RACINE, *Iphigénie*, IV, 10.)

---

1. Bien entendu, dans la langue classique de la poésie au XVII° et au XVIII° siècle. Cette observation s'applique à tout ce qui suit.

2° *Grammaire.* — Il n'y a pas, en réalité, de licences grammaticales dans notre poésie classique. Les constructions auxquelles on a donné ce nom se retrouvent fréquemment en prose : par exemple, l'emploi de l'adverbe *où* pour *à qui, vers qui,* etc.; celui du singulier avec un verbe qui a plusieurs sujets ; l'ellipse d'une préposition déjà exprimée devant un premier complément et sous-entendue devant un second; celle de l'article dans un grand nombre de cas, etc. Il suffit de consulter un lexique de nos prosateurs classiques pour y retrouver ces prétendues licences poétiques, toutes usitées dans la prose pendant la plus grande partie du xvii° siècle. Au xviii° siècle, sauf de rares exceptions, les mêmes qui disparaissent de la prose disparaissent aussi de la poésie. Celle-ci, peut dire Marmontel, « n'a presque point de privilège, et, pour elle, les lois de l'usage, comme celles de la syntaxe, sont presque aussi inviolables que pour la prose ». Si cette assertion renferme quelques réserves, il faut les appliquer non à la grammaire proprement dite, mais à la construction des mots et au vocabulaire.

3° *Ordre des mots.* — Nous avons dit plus haut comment Ronsard avait essayé de faire revivre, dans la langue poétique moderne, les inversions de l'ancien français. Il ne réussit pas entièrement : toutefois, la langue de notre poésie classique s'est toujours distinguée de la prose par certaines constructions qui lui étaient propres. Laharpe félicite Malherbe d'avoir proscrit les inversions: on va voir qu'il en autorisa un grand nombre; toutes celles dont nous allons citer des exemples se retrouvent chez lui et ont subsisté jusqu'à ce siècle dans notre langue poétique.

On peut placer le complément avant le substantif ou le verbe:

> Du temple, orné partout de festons magnifiques,
> Le peuple saint en foule inondait les portiques.
> (RACINE, *Athalie,* I, 1.)

Lorsqu'un verbe en gouverne un autre à l'infinitif, le pronom qui est le régime du second peut se mettre entre les deux verbes[1] :

> Je sais où je lui dois trouver des défenseurs.
> (RACINE, *Mithridate*, III, 1.)

Quand deux propositions impératives sont coordonnées, le pronom personnel peut, dans la seconde, se mettre avant le verbe. Ex. :

> Séparez-les, mon père, et me laissez mourir.
> (RACINE, *Thèbes*, V, 3.)

Les particules négatives *pas*, *point*, *plus*, jointes à un infinitif, peuvent se placer après lui. Ex. :

> Ne vous obéir pas me rendrait criminelle.
> (CORNEILLE, *Cid*, IV, 2.)

De même pour *rien*.

Le sujet peut se transposer. Ex. :

> Rome à qui vient ton bras d'immoler mon amant.
> (CORNEILLE, *Horace*, IV.)

De même le régime. Ex. :

> L'aigle et le chat-huant leurs querelles cessèrent.
> (LA FONTAINE, *Fables*, V, 18.)

La plupart de toutes les constructions que nous venons d'énumérer furent d'un constant usage au XVIᵉ siècle ; mais la poésie les conserva, alors qu'elles étaient depuis longtemps abandonnées par les prosateurs. Aussi sont-elles regardées par les anciens critiques comme des *licences poétiques*. Laharpe va même jusqu'à dire que l'inversion est souvent le seul trait qui différencie les vers de la prose.

---

1. Cette construction est d'ailleurs usitée en prose, quoique plus rarement. Exemple : Nous l'allons voir dépouillée... (BOSSUET, *Oraison funèbre d'Henriette d'Angleterre.*)

On le voit par tout ce qui précède, malgré la réac-
tion de Malherbe contre Ronsard, la langue de la
poésie avait conservé, pendant notre époque classique,
des formes, des tournures et des constructions qui lui
étaient spéciales. Si nous étudions maintenant le
vocabulaire poétique, nous trouverons un assez grand
nombre de mots que n'emploie pas la prose, ou dont
elle ne fait pas, du moins, le même usage. Voici la
liste des principaux :

| | | |
|---|---|---|
| Accents | = | Voix. |
| Antique | = | Ancien. |
| Chef | = | Tête. |
| Cité | = | Ville. |
| Climat | = | Pays. |
| Coupe | = | Verre. |
| Courroux | = | Colère. |
| Coursier | = | Cheval. |
| Discours | = | Paroles. |
| Epoux | = | Mari. |
| Esquif | = | Bateau. |
| Faix | = | Fardeau. |
| Fange | = | Boue. |
| Fers | = | Chaînes. |
| Flanc | = | Côté, sein. |
| Forfait | = | Crime. |
| Fortuné | = | Heureux. |
| Génisse | = | Vache. |
| Glaive | = | Epée. |
| Guérets | = | Champs. |
| Guerrier | = | Soldat. |
| Haleine | = | Souffle du vent. |
| Homicide | = | Meurtrier. |
| Humains | = | Hommes. |
| Hymen | = | Mariage. |
| Immortels | = | Dieux. |
| Lustre | = | Espace de cinq ans. |
| Manie | = | Folie. |
| Mortels | = | Hommes. |
| Naguère | = | Récemment. |
| Nautonnier | = | Matelot. |

| Nef | = Vaisseau. |
|---|---|
| Neveux | = Descendants. |
| Nocher | = Matelot. |
| Nue | = Nuage. |
| Onde | = Eau. |
| Poudre | = Poussière. |
| Rameau | = Branche. |
| Soudain | = Aussitôt. |
| Travaux | = Souffrances. |
| Trépas | = Mort. |

A côté de ces mots, réservés à la poésie, il serait trop long de citer ceux qu'elle rejetait comme indignes. Les exemples qui précèdent suffisent pour montrer que la langue poétique était distincte de la prose ; sans doute, le principe de Ronsard n'avait pas prévalu, et le fond des deux langues était le même : mais, cependant, il y avait des différences assez nombreuses et assez sensibles, soit dans la construction, soit dans le vocabulaire.

Ces différences subsistèrent jusqu'à la rénovation romantique. Au xviiiᵉ siècle, chez la plupart des poètes, ce sont ces tournures, ces inversions et ces termes qui distinguent seuls les vers de la prose. Le style est si plat, si sec, si dépourvu d'imagination, qu'on y chercherait en vain quelque caractère poétique[1] : ce n'est pas le style, c'est la langue seule qui fait la différence entre la prose et les vers. Aussi comprend-on ces paroles de Voltaire :« Voulez-vous savoir, disait-il, si des vers français sont bons ? mettez-les en prose.» Le mépris de la poésie ne saurait aller plus loin. Ce qui nous frappe quand nous lisons les poètes du xviiiᵉ siècle, c'est un contraste étrange entre la pauvreté du style et les formes ambitieuses de la langue. De leurs devanciers du xviiᵉ siècle, ils ont conservé des formules, des recettes, des clichés, dans lesquels ils font consister la poésie.

C'est de nos jours seulement qu'a complètement triomphé la théorie opposée à celle de la Pléiade : la

1. Il y a, bien entendu, des exceptions à faire.

langue poétique et celle de la prose sont désormais la même langue. On peut dire, d'une façon générale, qu'il n'y a plus de *licences*, plus de vocabulaire distinct.

Sans doute, il est aisé de citer encore, chez nos poètes contemporains, bien des transgressions de ce principe. Victor Hugo écrit : *je ne sai* (*Hern.*, III, 5); *ils ont leur raison en eux-même* (*Hern.*, IV, 2); *le roi Charle* (*Hern..* I,3), *Londre* et *Versaille* (*Contempl.* I, VII), etc. Mais ces licences (car il faut bien ici user de ce nom) sont en définitive des plus rares, et, d'ailleurs, elles ne se rapportent qu'à l'orthographe. Pour la grammaire et le vocabulaire, ils sont les mêmes que ceux de la prose.

L'inversion est-elle donc bannie de la poésie ? Non, certes, pas plus que de la prose. En prose comme en vers, l'inversion est nécessaire pour exprimer certaines nuances : il s'en faut que l'ordre logique des mots soit toujours l'ordre le plus naturel, c'est-à-dire le plus propre à l'expression. C'est grâce à la liberté de la construction que l'écrivain produit souvent les effets les plus dramatiques et les plus pittoresques. Seulement, il n'y a aucune raison pour donner à la poésie plus de licences qu'à la prose : toute construction inusitée dans la langue de la prose est pour cela même interdite dans celle de la poésie; elle n'est plus pour nous que le signe de la gêne qu'éprouve le poète à faire son vers ou à trouver sa rime. Nous devons dire en vers et en prose, comme M. Jourdain : *Belle marquise, vos beaux yeux me font mourir d'amour* (1). Sans doute, quand nous lisons Corneille ou Racine, nous acceptons leurs inversions de la même manière que nous admettons aussi les confidents et toutes les formes conventionnelles de la tragédie classique. Mais, quant à la poésie moderne, nous en repoussons toute construction antilogique qui n'est pas justifiée par l'expression sensible d'une nuance dans le sentiment ou dans la pensée

---

1. Th. de Banville, *v. cit.*, page 65.

Quelle différence, par exemple, entre ces deux inversions ! La première :

> Qui vit du monde entier l'arbitre à ses genoux.
>
> (CHAMPFORT, *Mustapha*, 1, 1.)

n'est qu'un procédé de versification. La seconde :

> Et, lorsque vous croyez chanter dans la trompette,
> Ce chant joyeux, la tombe en sanglots le répète.
>
> (V. HUGO, *Légende des Siècles*, Baron Madruce.)

est un moyen d'expression. Aussi, en rétablissant
l'ordre logique, nous verrons que la pensée du premier
vers n'y perdra rien : celle des deux autres deviendra
faible et traînante. L'inversion de Champfort est une
licence poétique ; celle de Victor Hugo n'appartient pas
plus à la poésie qu'à la prose.

Quant au vocabulaire spécial de la poésie, il est aujourd'hui non moins ridicule en vers qu'en prose. Ces
termes de *coursier, nautonier, courroux, onde,* etc., ne
sont plus de mise : ils sentent un autre âge, ils font
l'effet que pourrait produire, dans notre société démo-
cratique, l'élégance surannée d'un gentilhomme de
l'ancien régime.

D'ailleurs, pour confondre la langue poétique et celle
de la prose, il ne suffisait pas de proscrire ces « ci-
devant » : il fallait aussi élever jusqu'à la poésie une
foule de termes qui en avaient été toujours exclus.
Cette révolution fut encore l'œuvre de Victor Hugo.
Avant lui,

> . . . . . . . . . . . . l'idiome,
> Peuple et noblesse, était l'image du royaume ;
> La poésie était la monarchie ; un mot
> Était un duc et pair, ou n'était qu'un grimaud...
> Les uns, nobles, hantaient les Phèdres, les Jocastes,
> Les Méropes, ayant le décorum pour loi
> Et montant, à Versaille, aux carrosses du roi ;
> Les autres, tas de gueux, drôles patibulaires, etc.
>
> (V. HUGO, *Contemplations*, 1, VII.)

Le premier, Victor Hugo proclama et appliqua ce
principe que tous les mots sont égaux devant l'écrivain,
et que la *noblesse* n'est pas dans les termes, mais dans
les pensées ou les sentiments dont ils sont les signes.
On sait combien cette *noblesse* des mots est chose va-
riable et sujette à la mode ; les expressions les plus
nobles que Ronsard employait dans ses poésies les plus
soutenues sont, moins de cent ans après, rejetées de
la langue comme basses et triviales. Contentons-nous
de citer *crasse, perruque, chandelle, estomac, chemise*.
C'est que « la noblesse des mots dans le style, comme
celle des noms propres dans la société, est fille de
l'opinion ; il suffit qu'on y croie pour qu'elle existe. »[1]
Mais, si, « tous les siècles et tous les pays ayant leur
langue vivante, toutes sont également bonnes »[2], on
peut dire que le seul moyen d'éviter ce passage perpé-
tuel de la langue noble à la langue basse, qui, pendant
deux siècles, avait tant appauvri notre idiome, c'é-
tait précisément de poser le principe si juste et si profond que nous énoncions plus haut. Quoi qu'en aient
pu dire les rhéteurs, il n'y a dans le style qu'une loi
souveraine : c'est l'accord de l'expression avec la pensée. Celle-là s'applique à tous les temps et à toutes les
langues, parce qu'elle est fondée non pas sur une
mode toujours changeante et capricieuse, mais sur
la raison universelle et invariable. Si les œuvres
des plus grands écrivains sont, en quelques parties du
moins, sujettes aux retours du goût, c'est qu'eux-mêmes
n'ont pu s'empêcher de sacrifier à celui de leur temps.
Quant à loi suprême dont nous parlons, elle est, di-
sons-nous, toujours et partout la même : or elle a pour
conséquence nécessaire l'égalité de tous les mots, re-
gardés non plus comme des entités métaphysiques,
mais comme de simples sons destinés à exprimer nos
pensées. Il n'y a pas de vocabulaire trivial et bas, si

1. Sainte-Beuve, *Op. cit.*
2. Lettre de Galiani.

l'on considère les mots en eux-mêmes; il n'y a pas, non plus, de vocabulaire noble et élevé. Il n'y a point de termes condamnés à la prose, il n'y a pas, non plus, de termes poétiques : la poésie n'est pas dans les mots, elle est dans les idées et les sentiments; elle a son style propre, — et c'est ce que Voltaire ne voyait pas quand il traduisait les vers en prose pour juger de leur beauté, — mais elle n'a pas sa langue spéciale

> Et je dis : « Pas de mot où l'idée au vol pur
> Ne puisse se poser, tout humide d'azur. »
>
> (V. Hugo, *Contemplations*, I, VII.)

FIN

# TABLE DES MATIÈRES

PARIS. — IMPRIMERIE CHAIX. — 14496-7-94. — (Encre Lorilleux).